Historical Manuscripts

New Materials and
New Explorations

付春梅 著

学史稿

新材料与新探索

中国社会科学出版社

图书在版编目（CIP）数据

学史稿：新材料与新探索/付春梅著.—北京：中国社会科学出版社，2024.6
ISBN 978 - 7 - 5227 - 3454 - 5

Ⅰ.①学… Ⅱ.①付… Ⅲ.①中国历史—研究 Ⅳ.①K207

中国国家版本馆 CIP 数据核字（2024）第 079498 号

出 版 人	赵剑英
选题策划	宋燕鹏
责任编辑	金　燕
责任校对	李　硕
责任印制	李寡寡

出　　版	中国社会科学出版社
社　　址	北京鼓楼西大街甲 158 号
邮　　编	100720
网　　址	http://www.csspw.cn
发 行 部	010 - 84083685
门 市 部	010 - 84029450
经　　销	新华书店及其他书店
印　　刷	北京明恒达印务有限公司
装　　订	廊坊市广阳区广增装订厂
版　　次	2024 年 6 月第 1 版
印　　次	2024 年 6 月第 1 次印刷
开　　本	710×1000　1/16
印　　张	14
插　　页	2
字　　数	205 千字
定　　价	78.00 元

凡购买中国社会科学出版社图书，如有质量问题请与本社营销中心联系调换
电话：010 - 84083683
版权所有　侵权必究

目　　录

绪　论 …………………………………………………………………（1）

研究篇：关于新材料、新问题等的新探索

一　《入唐求法巡礼行记》史料价值的再发现
　　——以唐代"祠部牒"与"板头"的记载为中心 ………………（9）
　（一）《入唐求法巡礼行记》所见唐代的"祠部牒" ………………（10）
　（二）《入唐求法巡礼行记》所见唐代的"板头" …………………（16）

二　宋代黄河三角洲的开发
　　——以滨、棣二州为中心的考察 …………………………………（22）
　（一）人口迅猛的增长 …………………………………………………（23）
　（二）农、工、商业的崛起 ……………………………………………（24）
　（三）余论 ………………………………………………………………（28）

三　新见古籍纸背南宋仓库文书的性质及意义 ……………………（31）
　（一）《白氏六帖事类集》纸背南宋仓库文书的性质 ………………（32）
　（二）《白氏六帖事类集》纸背南宋仓库文书的
　　　　价值意义 ………………………………………………………（38）

四 古代家学的"三观"教育智慧及其当代资鉴
——以明清滨州杜氏家学为例 ………………………… (52)
(一) 引言：明清滨州杜氏家学概况 …………………… (53)
(二) 从滨州杜氏家学看古代家学的"三观"教育思想 …… (55)
(三) 古代家学的当代资鉴 ……………………………… (63)

五 清代传牌制度探析
——以日本早稻田大学图书馆藏传牌为中心 …………… (67)
(一) 关于早稻田大学所藏清代传牌的说明 ……………… (67)
(二) 清代传牌的类型与制度来源 ………………………… (75)
(三) 清代传牌的运作流程 ………………………………… (82)
(四) 余论 …………………………………………………… (87)

六 一件新见晋冀鲁豫边区契纸考 ………………………… (90)
(一) 关于新见晋冀鲁豫边区买契纸的说明 ……………… (91)
(二) 民国、晋冀鲁豫边区契纸制度的继承与变化 ……… (94)
(三) 余论：晋冀鲁豫边区契纸反映的其他问题 ………… (98)

整理篇：关于新出滨州契约文书的整理

一 整理篇凡例 …………………………………………… (103)

二 文书整理 ……………………………………………… (105)
(一) 新出滨州付氏契约文书整理 ………………………… (105)
  1. BZ·FS:001 清乾隆五十九年 (1794) 十月十二日
　　王其义卖地契 (附乾隆五十九年契尾等) ………… (105)
  2. BZ·FS:002 清嘉庆五年 (1800) 九月初八日刘治
　　和卖地契 (附嘉庆年间契尾等) ……………………… (110)

3. BZ·FS：003 清嘉庆八年（1803）十月十三日刘桐
   卖地契（附嘉庆年间契尾等） ………………………（114）

4. BZ·FS：004 清同治十年（1871）二月廿四日
   韩光远卖地契 ………………………………………（119）

5. BZ·FS：005 清同治十年（1871）二月廿四日
   韩光远卖地契（附民国十五年买税契） ……………（119）

6. BZ·FS：006 清光绪三年（1877）十二月二十六日
   于堂卖地契 …………………………………………（122）

7. BZ·FS：007 清光绪三年（1877）十二月二十六日
   于堂卖地契（附民国十五年买税契） ………………（123）

8. BZ·FS：008 清光绪二十年（1894）正月十八日
   付禄卖地契 …………………………………………（126）

9. BZ·FS：009 清光绪二十一年（1895）四月二十五日
   付门戴氏卖地契 ……………………………………（127）

10. BZ·FS：010 清光绪廿二年（1896）十一月十四日
    付文增卖地契 ………………………………………（128）

11. BZ·FS：011 清光绪廿二年（1896）十二月初二日
    付文增卖地契 ………………………………………（129）

12. BZ·FS：012 清光绪廿二年（1896）十二月初二日
    付文增卖地契（附光绪卅年契尾） …………………（130）

13. BZ·FS：013 清光绪二十九年（1903）十月二十五日
    刘天仪卖地契 ………………………………………（134）

14. BZ·FS：014 清光绪廿九年（1903）十月廿五日
    刘天仪卖地契（附民国三年买契） …………………（135）

15. BZ·FS：015 清宣统元年（1909）十二月十五日
    付文起卖地契 ………………………………………（138）

16. BZ·FS：016 民国四年（1915）十月十九日
    付文起卖地契 ………………………………………（139）

17. BZ·FS：017 民国十二年（1923）借贷账簿 …………（140）

18. BZ·FS：018 民国十二年（1923）十一月十日
    傅忠借钱契 ……………………………………………（140）
19. BZ·FS：019 民国十五年（1926）六月十五日
    韩荣庆卖地契（附民国年间卖税契）………………（141）
20. BZ·FS：020 民国廿三年（1934）正月十一日
    刘长智卖地契 …………………………………………（144）
21. BZ·FS：021 民国廿三年（1934）十月十五日
    李士奎卖地契 …………………………………………（145）
22. BZ·FS：022 民国二十四年（1935）正月十五日
    刘学坤卖地契（附民国二十四年买契纸等）………（147）
23. BZ·FS：023 民国二十四年（1935）正月廿日
    李士奎卖地契 …………………………………………（150）
24. BZ·FS：024 民国二十四年（1935）正月二十日
    李世奎卖地契（附民国二十四年卖契纸等）………（151）
25. BZ·FS：025 民国廿四年（1935）十月十二日
    刘赵氏卖地契 …………………………………………（154）
26. BZ·FS：026 民国二十五年（1936）正月二十三日
    李士奎推收单 …………………………………………（155）
27. BZ·FS：027 民国廿五年至廿七年（1936—1938）
    借贷契约账簿 …………………………………………（157）
28. BZ·FS：028 民国廿六年至廿七年（1937—1938）
    借贷契约账簿 …………………………………………（158）
29. BZ·FS：029 民国廿九年（1940）借贷契约账簿 ………（158）
30. BZ·FS：030 民国三十四年（1945）九月十六日
    傅祯卖地契 ……………………………………………（159）
31. BZ·FS：031 民国卅四年（1945）九月十八日
    付祺卖地契 ……………………………………………（160）
32. BZ·FS：032 民国三十五年（1946）正月初十
    付连合卖地契 …………………………………………（161）

33. BZ·FS：033 一九五〇年古历九月廿一日
    傅彬卖地契 ··· (161)

34. BZ·FS：034 一九五〇年十二月十九日
    傅彬卖地契 ··· (162)

35. BZ·FS：035 一九五一年古历二月初四日
    傅温当地契 ··· (163)

36. BZ·FS：036 一九五一年古历二月十二日
    傅彬卖地契 ··· (164)

37. BZ·FS：037 一九五一年三月十九日傅温
    土地房产所有证 ····································· (165)

38. BZ·FS：038 一九五一年十一月廿八日
    傅温分单 ··· (167)

(二) 新出滨州苏氏契约文书整理 ························· (169)

1. BZ·SS：001 清道光三年（1823）十一月廿五日
   崔有卖地契 ··· (169)

2. BZ·SS：002 清道光十三年（1833）十月十七日
   苏福礼卖地契 ······································· (169)

3. BZ·SS：003 清道光十八年（1838）十一月廿七日
   苏兴卖宅契（附道光年间契尾） ······················· (170)

4. BZ·SS：004 清同治六年（1867）十一月二十七日
   苏安卖宅契 ··· (174)

5. BZ·SS：005 清光绪十年（1884）十一月廿五日
   苏太卖宅契 ··· (175)

6. BZ·SS：006 清光绪十二年（1886）五月十五日
   苏光卖地契 ··· (176)

7. BZ·SS：007 清光绪十四年（1888）十二月二十四日
   苏太卖宅契 ··· (177)

8. BZ·SS：008 清光绪十五年（1889）正月廿二日
   苏廷明卖地契 ······································· (177)

9. BZ·SS:009 清光绪三十四年（1908）二月廿五日
   苏门田氏卖地契（附光绪卅四年契尾等） ……………（178）
10. BZ·SS:010 民国七年（1918）十月十二日
    崔均卖地契 …………………………………………（185）
11. BZ·SS:011 民国十二年（1923）十二月二十七日
    苏希元卖地契 ………………………………………（186）
12. BZ·SS:012 民国二十年（1931）十月二十八日
    苏青江卖地契 ………………………………………（186）
13. BZ·SS:013 民国二十年（1931）十二月初五日
    三合堂卖地契（附民国年间买契纸） ………………（187）
14. BZ·SS:014 民国二十二年（1933）阴历八月十五日
    苏立典卖场契 ………………………………………（190）
15. BZ·SS:015 民国廿七年（1938）九月十三日
    苏盛信卖地契 ………………………………………（191）
16. BZ·SS:016 民国三十年（1941）九月初五日
    崔克山换地契 ………………………………………（192）
17. BZ·SS:017 民国某年某月某日伯母卖田宅场园契 ……（193）
18. BZ·SS:018 一九四九年十二月廿三日
    崔克良卖地契 ………………………………………（194）
19. BZ·SS:019 一九五一年一月廿九日
    苏泽申土地房产所有证 ……………………………（195）
20. BZ·SS:020 一九五一年一月廿九日
    苏泽申土地房产所有证 ……………………………（197）
21. BZ·SS:021 一九五三年正月十日
    崔玉岩卖地契 ………………………………………（200）
22. BZ·SS:022 一九五三年正月十日
    崔克昌卖地契 ………………………………………（201）
23. BZ·SS:023 一九五三年正月十日
    崔克昌卖地契 ………………………………………（202）

24. BZ·SS：024 一九五三年二月十日
   崔克昌卖地契（附一九五六年买卖契纸） ………………（203）

参考文献 ………………………………………………（207）

后　记 ………………………………………………（215）

绪　　论

近代以来，随着殷墟甲骨文、秦汉魏晋简牍、敦煌文书、内阁大库档案四大考古材料新发现的出现，直接催生了甲骨学、简牍学、敦煌学等国际性学科的产生、发展，而陈寅恪先生发出"一时代之学术，必有其新材料与新问题。取用此材料，以研求问题，则为此时代学术之新潮流"[①]之振聋发聩声音之后，学界对于新材料、新问题追求和探索的热情，则愈发超越此前。目前，学界不仅依然重视对"四大考古材料新发现"的研究，且不断地去寻找、发掘其他各方面的新材料，因之一大批此前未知、未受重视的中国史新资料被发掘出来，如著名的黑水城文献，全国各地所藏的明清民间文书、家谱，碑刻资料，古籍公文纸背文献，以及收藏于异域的中国档案、古籍、图册，等等。中国史资料库的数量、内容因此也更为丰富多彩。现在学界似乎也正在形成一股整理研究、出版中国历史文化新资料，探索、研究中国历史新问题的热潮。此外，又加之对上述资料、问题的研究，多属于"冷门绝学"学科的研究范畴，而今国家对于"冷门绝学"学科的重视程度，又远超从前，以至于在某些方面出现了"冷门"不冷的现象。因此，对于新材料、新问题的研究，不仅是当前，也必将成为将来很长一个时期内中国史学界的一项非常重要的工作。

[①] 陈寅恪：《陈垣敦煌劫余录序》，《金明馆丛稿二编》，生活·读书·新知三联书店2001年版，第266页。

正是在这一大的学术背景之下,笔者尝试进行了一点有关中国史新材料与新问题的探索工作,虽然目前该项工作的进展还非常有限,但还是具有一定的价值意义,具体可以体现在以下几个方面。

一方面,为学界提供了一些经过悉心整理的新资料。

首先,这些新资料当属于新发现的滨州契约文书。

当前,山东所藏的清代以来官私文书,已受到了学界的一定重视,且已经出现了相关整理成果,这其中成绩最大的当属于孔府档案以及孟府档案的整理出版。在孔孟档案中,有一部分即属于清代以后的文书,但严格来讲,这一部分文书应该属于"档案"的一部分,其与"民间文书"尚有不同。当前,学界对于清代以来山东民间文书的整理,也有一些进展,主要来自两位学者。其一是易福平先生,他主编了《万篆楼藏契》一书,该书主要收录了清代至新中国成立初期山东地区,也包括少量山西、河北、河南等地各类民间契约文书1500余件[①]。《万篆楼藏契》是当前收录清代以来山东民间契约文书最多的一书,其对于发掘清以后山东契约文书所做的贡献,应当值得首肯。其二则是刘新云先生,其主编的《济南警察博物馆丛书·契约文书》一书[②],共收录济南警察博物馆所藏清代至新中国成立之初山东契约文书200多件,该书成为继《万篆楼藏契》之后收录山东契约文书较多的著作。然而,上述两书仅载录了相关文书的图版,并未开展相关文书的整理工作,且由于多数图版系黑白图版,兼之图版较小,清晰度有限,这些都影响了学界对于书中所载文书的识读和利用。另外,上述著作对于文书的编排,均打乱了其原始顺序,故很难从"归户性"的角度,去对相关文书进行进一步的研究和观察。因此说,虽然目前对于山东民间文书学界已有所重视,但仅是出版了相关文书图版,而实质性的文书整理工作实际上尚未开展。

---

① 易福平主编:《万篆楼藏契》,广西师范大学出版社2018年版。
② 刘新云主编:《济南警察博物馆丛书·契约文书》,山东人民出版社2014年版。

本书所涉及的新发现滨州契约文书，主要来自山东滨州付氏和苏氏两大家族，其时代从清乾隆五十九年（1794）至新中国成立后的1956年，共计60余件。虽然该批文书的数量有限，但此次按照"归户性"原则，对这两户契约文书分别进行的系统整理，因此从中可以看到从清代至新中国成立初期，以家族为中心的土地、房产交易，以及相关借贷、家产分析等有关内容，这对于认识这一段时期之内，山东地区农村家庭经济的状况，以及有关税收制度、契约制度的继承与演变关系等多方面问题，都具有重要价值和意义。同时，此次是按照中国古文书学的方法对于相关文书进行的整理，因此，这为学界利用相关整理成果提供了便利。

其次，这是对已知相关文书资料的进一步整理，这些文书也都属于新材料。

如日本天理图书馆所藏公文纸本《白氏六帖事类集》纸背南宋文献、日本早稻田大学所藏清代传牌文书、有关网络平台所售晋冀鲁豫边区契纸，等等。日本天理图书馆所藏《白氏六帖事类集》纸背文献虽然早在20世纪50年代日本学者金子和正即通过《白氏六帖事类集纸背の宋代公牍文》一文对其做了有关整理①，值得肯定，但是，由于该文传播不广，在国内很难看到。同时，由于金子和正所做文书录文，尚存不确之处，故这些情况的存在都导致学界对于该批纸背文献的情况，知之甚少，利用有限。而日本早稻田大学所藏的清代传牌文书，虽然魏永康先生最先通过《嘉庆年间喜峰口驿路三件传牌》一文对其做了整理和介绍②，但魏先生的整理成果未遵循中国古文书学的规范，导致文书的很多关键信息丢失，因此，相关录文也限制了学界对该批珍贵文书资料的利用和研究。而晋冀鲁豫边区契纸，仅是在网上刊布了其图版，并未做整理。此次本书对

---

① ［日］金子和正：《白氏六帖事类集纸背の宋代公牍文》，《ビブリア》第八号，天理图书馆1957年版。
② 魏永康：《嘉庆年间喜峰口驿路三件传牌》，《历史档案》2019年第1期。

上述资料按照中国古文书学的规范都重新进行了整理、释录，让学界见识了相关文书的庐山真面目，这对于推进对相关文书新资料的利用和研究发展，无疑也是有意义的。

另一方面，则是推进了对中国历史研究中某些问题的进一步认识。

本书尝试从几个方面对中国历史研究中的相关问题做进一步探究。

其一，探索了一些新问题，推进了对有关新问题的认识。

首先，利用新资料，探讨了新问题。

日本天理图书馆所藏《白氏六帖事类集》纸背文献，最早由日本学者金子和正做了整理，但该文仅是文书整理，并未对相关文书做进一步的研究。此后，日本学者竺沙雅章以及瞿冕良等中外学者，又对该批公文纸背文献的版本、时代、大致性质等进行了简要说明[①]，但仍未开展相关纸背文献的具体探讨。本书则是在确认该批纸背文献属于南宋仓库日状的基础上，着重探讨了宋代仓场库务日状的运作程序，而该问题，前人未做专门探讨。经过研究，发现了南宋仓场的日状运作，存在仓场库务在收支钱物时要留存好"历"，仓场库务再根据留存之"历"撰写日状等多项步骤。同时，还对南宋仓库的"日状"与"日历"的区别与联系进行了比较分析，进一步增进了对南宋仓库"日状"的认识。

再有，就是利用日本早稻田大学所藏珍贵的清代传牌文书，对清代传牌制度的运作程序进行了探讨。正如魏永康先生所言，早稻田大学所藏的清代传牌对于认识清代传牌制度等具有重要价值和意义。[②] 但前人却未对清代传牌制度做更进一步的探讨。本书利用这些传牌文书，并结合国内所藏的清代传牌、排单等相关一手文书及有

---

① [日] 竺沙雅章：《汉籍纸背文书の研究》，《京都大学文学部研究纪要》第 14 号，京都大学 1973 年版，第 4 页；瞿冕良：《略论古籍善本的公文纸印、抄本》，《山东图书馆季刊》1992 年第 2 期。

② 魏永康：《嘉庆年间喜峰口驿路三件传牌》，《历史档案》2019 年第 1 期。

关传世史料，首次对清代传牌制度的运作流程等进行了考察，指出，清代传牌存在"起草传牌""签发传牌""传递传牌并粘贴、填注排单""提交或缴回、销毁"等多项步骤。同时，还探讨了清代传牌制度的来源，传牌的类型等多方面问题，这使得我们可以认识到一个相对丰富、立体的清代传牌制度，推进了学界对于清代牌符制度的有关认识。

另外，对于晋冀鲁豫边区契纸制度，此前学界也少有研究，此次利用见之于网络平台的晋冀鲁豫边区"买契纸"图版，不仅讨论了晋冀鲁豫边区契纸制度对于民国契纸制度的继承性问题，且探讨了晋冀鲁豫边区契纸制度与民国契纸制度在内容等多方面发生的变化，这对于推进对晋冀鲁豫边区契纸制度的认识，似乎也具有一定的意义。

其次，则是对此前少有关注的中国历史中的有关问题进行探索，并得到了一些新的发现。

如关于古代家学中的"三观"教育问题。虽然此前学界对于中国古代家学的研究，其内容已经非常丰富，但对于家学涉及的"三观"教育问题，则鲜有提及，然无论当下、未来还是古代，"三观"教育都是家庭、家学教育中非常重要的内容。当然，本书中所指的古代家学教育中的"三观"与当下的"三观"尚不完全相同。此次是在立足明清滨州杜氏家学的基础上，以其为例，系统探讨了我国古代家学中关于"人生观""价值观"以及"处世观"的教育方法及智慧，提出了一些对当代教育的启示和借鉴，这在一定程度上推进了中国古代家学研究的新发展。

另外，区域史研究作为中国史研究的重要领域之一，因其内容非常丰富，故而拥有非常广阔的可开拓空间。本书即探讨了此前少有研究的宋代黄河三角洲的开发问题，研究了这一时期黄河三角洲开发的具体表现，为学界认识该时期黄河三角洲的开发状况及其特点等问题，提供了一点帮助。

其二，对于"旧"材料进行新观察，提出了一些新认识。

本书不仅关注新材料、新问题，也关注了有关"旧"材料，且试图通过对"旧"材料的新观察，以期得到一些新认识。如关于日本僧人圆仁所著的《入唐求法巡礼行记》一书，该书被誉为"东方三大旅行记"之一。长期以来，广受学界的关注，与之相关的研究成果也异常丰富。本书则通过《入唐求法巡礼行记》所载的唐代"祠部牒""板头"等前人未曾重视的新视角，来重新审视《入唐求法巡礼行记》对于唐史研究的价值意义。从中发现，该行记的有关记载是难得一见的珍贵史料，且有些记载是唯一存世的史料，其对于唐代法律史等的研究，具有非常重要的价值和意义。由此提醒我们，在中国史学研究的过程中，既要重视新材料与新问题，但也不能放弃旧材料，只要转换视角，旧材料依然可以焕发学术魅力和生机。

本书的研究内容，分为"研究篇"与"整理篇"两部分，其中，研究篇主要涉及对有关中国史新材料、新问题等的相关研究成果，现按时代先后顺序分别对其予以载录。这些论文，多数已经在有关刊物上发表，此次在已刊拙文的基础上又做了更进一步的修订。整理篇则主要是对新出滨州契约文书的整理。此次整理按照"归户性"原则，分为"新见滨州付氏契约文书""新见滨州苏氏契约文书"两部分分别进行，整理则是借鉴比较成熟的敦煌吐鲁番文书的整理方法，对所有文书按时代先后顺序，逐一进行编号、定名、解题、录文，对有关讹误、缺漏等相关文字及有关符号、印章等予以出校说明，以期为学界提供科学、准确的文书释录文本。

以上即是本书的大致情况，由于笔者才疏学浅，水平有限，在相关整理与研究中肯定还存在诸多不足，甚至是错误。在此诚恳地请求学界同人多多批评指正。

研究篇

关于新材料、新问题等的新探索

一 《入唐求法巡礼行记》史料价值的再发现

——以唐代"祠部牒"与"板头"的记载为中心

众所周知，日本著名僧人圆仁所著《入唐求法巡礼行记》一书，是有关唐代海上丝绸之路及古代中外文化交流的重要物证，也是研究唐代政治、经济、贸易、文化、宗教、外交、历史地理等多方面问题的重要资料，其与《马可波罗游记》《大唐西域记》等享有"东方三大旅行记"的美誉。长期以来，学界对其都非常重视，尤其近几十年来，学界对其开展了多方面卓有成效的探讨，并取得非常丰硕的研究成果①，但作为极为珍贵的文献资料，该书

---

① 可参见吕红梅《五十年来〈入唐求法巡礼行记〉研究综述》一文，《兰州教育学院学报》2002年第2期。另外，近年来又有李宗勋、陈建红《圆仁的〈入唐求法巡礼行记〉与九世纪东亚海上通交》，《新疆学刊》2008年第2期；刘再聪《"在田野者为村"——以〈入唐求法巡礼行记〉为中心的考察》，《中国农史》2010年第1期；王丽萍《圆仁〈入唐求法巡礼行记〉中国早期流布考》，《浙江大学学报》（人文社会科学版）2011年第6期；陈尚胜《东亚贸易体系形成与封贡体制衰落——以唐后期登州港为中心》，《清华大学学报》（哲学社会科学版）2012年第4期；李凌云《〈入唐求法巡礼行记〉与〈马可波罗游记〉比较研究》，《日本研究》2013年第1期；纳春英《圆仁视野中晚唐长安平民男子的服饰——以〈入唐求法巡礼行记〉为中心的考察》，《唐史论丛》第十七辑，陕西师范大学出版社2014年版，第124—135页；严耀中《〈法显传〉与〈入唐求法巡礼行记〉》，《欧亚学刊》2015年第2期；任艳艳《试论唐代河东道之交通——以敦煌文书和圆仁〈入唐求法巡礼行记〉中关、驿、店为中心的考察》，《安徽史学》2017年第4期；朱红军、王静雯《从圆仁的"大使"称呼看登州新罗人社区的权力更迭以〈入唐求法巡礼行记〉为中心》，《宗教信仰与民族文化》2019年第1期；[韩]金成俊、崔云峰《对圆仁〈入唐求法巡礼行记〉中所记载的船舶部件搻栿（搻栿）的批判性考察》，《海交史研究》2019年第3期；何莹、何蓉《"异域"何以"同天"：〈入唐求法巡

所载的相关内容仍有进一步可探寻的余地，其史料价值仍有可开拓的空间，如其所载的唐代"祠部牒""板头"等问题，至今尚未见专门的讨论。因此，今拟在前人研究的基础上，对《入唐求法巡礼行记》所载上述问题试做探讨，以期进一步揭櫫该书的重要史料价值。

（一）《入唐求法巡礼行记》所见唐代的"祠部牒"

《入唐求法巡礼行记》中有多处关于唐代"祠部"的记载，其中之一为"祠部牒"，为便于研究，现将此牒迻录如下：

　　祠部　牒
　　　　上都章敬寺新罗僧法清
　　右请准格：所在随缘头陀
　　牒得前件僧状称："本心入道，志乐头陀。但是名山，归心礼谒。经行林下，所在寻师。学迦叶之行门，进修佛理。请准乾元和元年四月十二日敕：'三藏僧般若力奏弟子大会等请头陀奉依释教，准敕修行。所在头陀勿亏圣典。但为持念损心，近加风疾，发动无恒。药饵之间，要须市易将息。今欲往诸山巡礼及寻医疗疾，恐所在关戍、城门、街铺、村坊、佛堂、山林兰若、州县寺舍等不练行由，请给公验者。付库捡，得报敕内名同者。谨检格：僧尼有能行头陀者，到州县寺舍，任安置将理，不得所由恐动者。'"僧法清请头陀检勘同者，准状牒。

（接上页）礼行记〉所见之中日交流机制》，《青海师范大学学报》（哲学社会科学版）2020年第5期；陈皛《晚唐中日佛教美术交流的多维面貌——以圆仁〈入唐求法巡礼行记〉为中心的考察》，《五台山研究》2020年第4期；[美]韩森、陈皛《〈入唐求法巡礼行记〉中佛教艺术的信仰之用》，《唐史论丛》第三十二辑，三秦出版社2021年版，第251—256页；付邦《日本入唐僧的中国旅行——以〈入唐求法巡礼行记〉为中心》，《史志学刊》2021年第4期等。

故牒。

  元和二年二月日   令吏 潘伦 牒
               主事 赵参
              员外郎 周仲孙①

  日本僧人圆仁于开成四年（839）四月十七日到达今山东登州牟平县阳陶村，从此踏上了山东的大地。其在该年九月份，开始向所在的清宁乡赤山寺院发牒，请求该寺能依据唐廷在元和二年（807）二月所下发的祠部牒的规定，报告州县，为其申请公验，以便巡礼五台山等诸处所在。于是，圆仁在向所在寺院发牒前，转载了上述祠部牒文的内容。此即是上述元和时期的祠部牒出现在《入唐求法巡礼行记》中的原因。

  上述祠部牒，比较完整地保存了相关牒文的格式和内容，据其中前两行可知，此牒文系发给"上都章敬寺新罗僧法清"的，而从第4行开始，此牒先转载了"法清"所上牒文的内容，其中"本心入道，志乐头陀。但是名山，归心礼谒。经行林下，所在寻师。学迦叶之行门，进修佛理"等语之意，即是说，"法清"要巡礼诸山，拜访名师，修行佛法。于是法清又转载了"乾元和元年四月十二日"的敕文。其中的"乾元和元年"，《入唐求法巡礼行记校注》注文已指出，此处的"和"字当衍，为是。因此，敕文涉及的"三藏僧般若力"，在《宋高僧传》中有语曰："乾元元年有罽宾三藏般若力、中天竺婆罗门三藏善部末摩、个失密三藏舍那并慕化入朝。"② 据此可知，"三藏僧般若力"系乾元元年（758）入朝，此正和敕文的时间相合。故可知，此敕文的下达时间当为"乾元元年"。而此敕文的内容，与"三藏僧般若力奏弟子大会等请头陀奉依释教，准敕修

---

  ① ［日］圆仁著，白化文等校注：《入唐求法巡礼行记校注》卷二，花山文艺出版社1992年版，第184—185页。

  ② （宋）赞宁撰，范祥雍点校：《宋高僧传》卷三，中华书局1987年版，第45页。

行"，及"请给公验"等相关。《入唐求法巡礼行记校注》注者认为，此敕文内容直至"僧法清请头陀检勘同者，准状牒"等语。然笔者以为，此"祠部牒"是下达给"法清"的，而此祠部牒中又转载了"法清牒"，显然"僧法清请头陀检勘同者，准状牒"是对"法清牒"的批语。因此，这一部分似不应看作是"乾元元年敕文"的一部分。另，文中最后所载的"故牒"一词，系牒文的结尾标志，此表明，此"祠部牒"至此全部结束。因此此件祠部牒，实则包含了牒首，即"祠部牒"，下达对象，即"上都章敬寺新罗僧法清"，以及"法清牒文"，对法清牒文的"批示"等内容，而"法清牒文"中，又转引了"乾元元年敕文"的内容等。总而言之，此祠部牒表明，祠部最终以"准状牒"的形式，同意了"法清"的相关请求。

从以上可见，此份祠部牒文的内容非常丰富，其具有多方面的史料价值和意义。

首先，该牒是目前所知唯一保存比较完整的唐代祠部牒文。牒文作为唐代的一种应用广泛的公文文体，当前并不鲜见，但有关祠部的牒文，且其内容、格式等均保存相对完整者，却非常少见。据笔者所知，除此件牒文外，目前在敦煌文献中还存有两件与唐代祠部相关的牒文，即P.3952与P.4072（3），但它们均已残损，如相对完整的P.3952，其录文如下：

1. ☐☐☐☐☐率得写告牒钱共当壹阡☐☐☐☐☐☐☐☐
2. ☐☐☐☐☐柒人僧，壹佰陆拾玖人尼，壹佰叁拾柒人道士☐☐☐，
3. 　　罗法光年拾玖法名明严，沙州敦煌县从化乡慕道☐☐☐☐（朱印）
4. ☐以前侍御史判凉州长史杨休明奏，奉乾元元年☐☐☐
5. ☐月六日敕，委臣勾当前件道僧告牒，各勒纳钱
6. ☐☐，并令所度人自写，差使送付所司，其了限，各听
7. ☐本☐当使审自商量奏闻者。臣准以今年正月

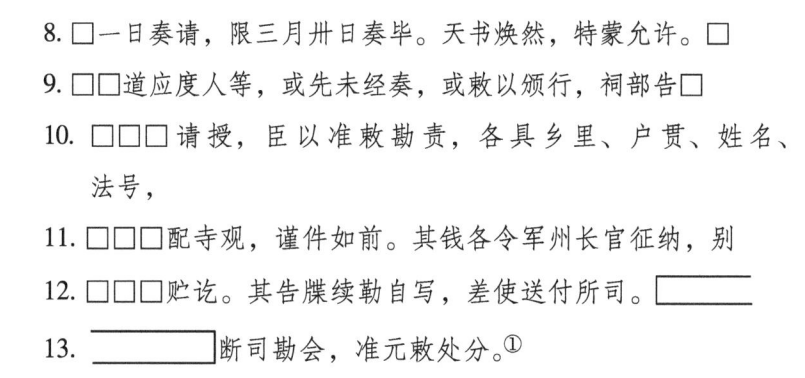

8. □一日奏请，限三月卅日奏毕。天书焕然，特蒙允许。□
9. □□道应度人等，或先未经奏，或敕以颁行，祠部告□
10. □□□请授，臣以准敕勘责，各具乡里、户贯、姓名、法号，
11. □□□配寺观，谨件如前。其钱各令军州长官征纳，别
12. □□□贮讫。其告牒续勒自写，差使送付所司。
13. _____断司勘会，准元敕处分。①

此件被《法藏敦煌西域文献》定名为《罗法光受度告牒》的文书，日本学者池田温先生的《中国古代籍帐研究》一书将其拟名为《唐乾元二年沙州罗法光纳钱尼告牒》②，唐耕耦等先生的《敦煌社会经济文献真迹释录》一书则拟题为《请准乾元元年（公元七五八年）敕假授新度僧道罗法光等度牒状》③，杨宝玉先生又认为，其系非正式的度牒④。目前已知，唐代度牒的发放机构为"祠部"，故不管此牒文为原件还是非正式的度牒，其内容，确与祠部相关。之所以诸方家对此件之性质颇有歧义，主要是因为其前后缺失，上下俱残所致。而另一件与祠部相关的唐代牒文 P.4072（3）仅存 4 行，其残缺更甚。故此，《入唐求法巡礼行记》所载的此件元和时期的祠部牒文，就成为目前所知有关唐代祠部牒文的重要原始文献，其文献价值，自不待言。

其次，祠部牒记载了唐代僧人巡礼诸处所需凭证的情况。隋唐以降，"公验"成为人们出行各地所需的官方证明，对于唐代的"公验制度"，学界探讨已多，其中也涉及僧人公验的出给问题，而在这方面，《入唐求法巡礼行记》也提供了重要信息。据前文，在祠

---

① 上海古籍出版社等编：《法藏敦煌西域文献》第30册，上海古籍出版社2003年版，第278页。
② ［日］池田温：《中国古代籍帐研究》，中华书局2007年版，第346—347页。
③ 唐耕耦、陆宏基：《敦煌社会经济文献真迹释录》第四辑，全国图书馆文献缩微复制中心1990年版，第60—62页。
④ 杨宝玉：《敦煌藏经洞所出两件度牒相关文书研究》，《吐鲁番学研究》2013年第2期。

部牒所载"法清"的牒文中,"法清"以援引乾元元年(758)向"三藏僧般若力"下发的敕文为例,行申请"公验"之实。按,《资治通鉴》卷二四九唐宣宗大中六年十二月条中的"公验",胡注曰:"公验者,自本州给公文,所至以为照验。"① 这说明"公验"一般都是由"州"来颁发的,如大中七年(853)九月福州都督府给日本僧人圆珍下发的公验:

福州都督府
日本国求法僧圆珍谨牒　　　柒人(朱笔)
……
　牒　圆珍为巡礼天台山、五台山、并长安城青龙寺、兴善寺等。询求圣教,来到　　当府。恐所在
　州县镇铺,不练行由,伏乞公验,以为凭据。
　谨连元赤,伏听处分。
　牒,件状如前,谨牒。
　　　　　　大中七年九月　日　日本国求法僧圆珍牒
　任　为　公　验。十　四　日。
　福　府　录　事　参
　军　平　仲②
　　　　　　(后略)

此件公验中前面是圆珍的牒文,而后部是福州府司的判语,即"任为公验",换言之,经过此批示之后,此牒文可作为"公验"使用了。"祠部牒"与之非常相似,但仅缺"判文"而已。上文"祠部牒"显示,虽然"法清"亦欲寻访诸山,其却并未向"章敬寺"

---

① (宋)司马光:《资治通鉴》卷二四九《唐纪六五》,中华书局1956年版,第8052页。
② [日]砺波护著,龚卫国译:《入唐僧带来的公验和过所》,《魏晋南北朝隋唐史资料》第十三辑,武汉大学出版社1994年版,第139页。

所在的"上都",即"长安"府提交申请,而是向祠部呈牒,且祠部"准状牒",即批准了"法清"的牒文。足见,该件"祠部牒"同样具有"公验"的法律效力。故"祠部牒"似乎反映出,除了州的"公验"外,祠部下达的牒文,同样是僧人巡礼各地的有效证明。

最后,关于祠部牒所载唐代"祠部格"的情况。唐代法律具有律、令、格、式等多种形式,目前有关祠部的"令"文,经日本学者仁井田陞等人搜集,其大部分已汇集于《唐令拾遗》及《唐令拾遗补》等书之中,对于祠部"格"的情况,目前则仅见两条史料,即来自白居易《白孔六帖》卷八九"度人格"条的注文:其一曰:"祠部格:王公已下薨,别敕许度人者,亲王二十、三品已上三人,并须亡者子孙……";其二曰:"祠部格云:私家部曲、客、奴婢等,不得入道,如别敕许出家后犯还俗者,追归旧主各依本色也。"① 除此之外,唐代还有哪些"祠部格",则不为世人所知,《入唐求法巡礼行记》恰恰在这方面提供了珍贵信息。如上述"祠部牒"中,在牒文的起首和结尾处均提及了"格",其中起首处云:"右请准格",其结尾处曰:"谨检格"。对此,郑显文先生认为,该牒两次提到的"格","似指《祠部格》"②。从牒文的内容来看,其起首处的"右请准格"之"格",当即结尾处所载的"谨检格"之"格",故此件牒文两次提到的"格",应系指同一"格"。而此"格"的内容,也即是文中所载的:"僧尼有能行头陀者,到州县寺舍,任安置将理,不得所由恐动者"等语。唐代从武周延载元年(694)开始,僧尼事务隶属于祠部③,当然此后又有些许变化,其

---

① (唐)白居易原著,(宋)孔传续撰:《白孔六帖》卷八九《僧》,文渊阁《四库全书》子部,第892册,台湾商务印书馆1986年版,第456页。另:(唐)白居易:《白氏六帖事类集》卷二六《僧》,文物出版社1987年版,第23页,与之记载相同。
② 郑显文:《唐代〈僧道格〉及其复原之研究》,《普门学报》2004年第20期。
③ (唐)杜佑著,王文锦等点校:《通典》卷二三《职官五》,中华书局1988年版,第640页。

中在天宝末年开始出现过"祠部"与"修功德使""两街功德使"等共掌僧务的局面①。显然，在"祠部牒"中并不涉及"功德使"，故可以确认，上述"格"，属于"祠部格"是无疑的。

唐代的修律活动比较频繁，其中距"祠部牒"所载敕文的颁发时间乾元元年（758）最近的唐格，当属开元二十二年（734）经李林甫"删辑旧格式律令及敕"后，至开元二十五年（737）形成的《开元新格》。而这次修订法律的活动，被"称为唐代贞观立法以来最大规模、最重要的一次立法活动，它奠定了唐代后期法制的基础"②。因此，从这一角度推断，"祠部牒"中所载的"祠部格"，很有可能是来自开元二十五年的《开元新格》。

（二）《入唐求法巡礼行记》所见唐代的"板头"

《入唐求法巡礼行记》中还有关于唐代"板头"的珍贵记载，为方便研究，现将有关内容移录如下：

其一，开成四年七月廿四日帖：

〔七月〕廿八日，申时，县使窦文至等两人将县帖来。其状称：

县　帖青宁乡：

得板头窦文至状报：日本国船上抛却人三人。右检案内，得前件板头状，报：其船今月十五日发讫。抛却三人，见在赤山新罗寺院。其报如前者。依检，前件人既船上抛却，即合村保、板头当日状报，何得经今十五日然始状报？又不见抛却人姓名，兼有何行李衣物？并勘：赤山寺院纲维、知事僧等，有

---

① 谢重光：《中古佛教僧官制度和社会生活》，商务印书馆 2015 年版，第 110—111 页。

② 李玉生：《唐代法律体系研究》，《法学家》2004 年第 5 期。

外国人在，都不申报！事须帖乡专差人勘事由。限帖到当日，具分折状上。如勘到一事不同及妄有拒注，并进上勘责。如违限，勘事不子细，元勘事人必重科决者！

　　　　开成四年七月廿四日　　　　　　典王佐　　　帖
　　　　　　　　　　　　　　　　　　主簿副尉胡君直①

其二，开成四年八月十三日帖：

　　县　帖青宁乡：先得状：在赤山寺院，日本国船上抛却僧三人、行者一人。

　　右检案内，得状称：前件僧等先具事由申上讫。恐后州司要有追勘状，请帖海口所由及当村板头并赤山寺院纲维等，须常知存亡，请处分者。奉判：准状帖所由者。依检：前件人、事须帖海口所由告报，及纲维等须常知存亡。如已后州司追勘称有东西不知去处，急追必重科决。仍限帖到当日告示，当取状，州状上者。

　　　　开成四年八月十三日　　　　　　典王佐　　　帖
　　　　　　　　　　　　　　　　　　主簿副尉胡君直②

其三，开成四年九月牒：

　　先在青宁乡赤山寺院，日本国船上抛却僧三人、行者一人。

　　右件，僧等先申州申使讫。恐有东西去，八月十四日帖赤山寺院并村保、板头、海口所由等：须知存亡。寻问本乡里正称：村正谭亶抛却帖，至今都无状报。其谭亶见在伏请处分。

---

① ［日］圆仁著，白化文等校注：《入唐求法巡礼行记校注》卷二，花山文艺出版社1992年版，第175页。
② ［日］圆仁著，白化文等校注：《入唐求法巡礼行记校注》卷二，花山文艺出版社1992年版，第181—182页。

牒件状如前。谨帖①。

开成四年九月日　　　　　　　　　典王佐　牒②

在以上《入唐求法巡礼行记》所载的开成四年（839）七月、八月、九月的三份公文中，均涉及一类人——"板头"。因多件公文同时载有此类人，故文中的相关记载当不存在讹误的情况。然对于该类人，目前在唐代的其他文献中尚未发现其身影，可以说，《入唐求法巡礼行记》是当前有关该类人的唯一记载。因资料乏如，而今学界尚未对此作出探究，仅《入唐求法巡礼行记校注》注者对其注曰：其"确切意义不明，当指一种职务，如村长、保长之类"③。诚然，该种解释甚有道理，但仍可以根据上述文书的记载等，对"板头"做出更进一步的探讨。

首先，"板头"的出现，与唐代以"某字"＋"头"的职官大量出现的背景有关。

在唐代以前，以"某字"＋"头"的形式存在的职官，尚属少见，但入唐之后，以这种方式构成的职官名词，则大量涌现，如《吐鲁番出土文书》中的一些唐代文书载有"队头"，其中《唐垂拱四年（公元688年）队佐张玄泰牒为通当队队陪事》第5行有"队头王神圆"，"副队头武怀表"④。另，还有的文书载有"堰头"，如《武周如意元年（公元692年）堰头令狐定忠牒为申报青苗亩数及佃人姓名事》第4行载有"堰头令狐定忠牒"⑤。另，又有文书载有

---

① "帖"，疑为"牒"之误。

② ［日］圆仁著，白化文等校注：《入唐求法巡礼行记校注》卷二，花山文艺出版社1992年版，第182页。

③ ［日］圆仁著，白化文等校注：《入唐求法巡礼行记校注》卷二，花山文艺出版社1992年版，第177页。

④ 国家文物局文献研究室等编：《吐鲁番出土文书》，第7册，文物出版社1981年版，第135页。

⑤ 国家文物局文献研究室等编：《吐鲁番出土文书》，第7册，文物出版社1981年版，第186页。

一 《入唐求法巡礼行记》史料价值的再发现　19

"团头",如《唐西州高昌县下团头帖为追送铜匠造供客器事》第1行载有"团头傅□□"①。另,又有文书载有"作头",如《武周阴仓子等城作名籍》第9、10行分别载有"作头魏""作头张"②。另外,还有文书载有"槽头",如《唐天宝十四载(公元755年)某馆申十三载三至十二月侵食当馆马料帐历状》第18行载有"槽头张环",等等。③因此说,"板头"在唐代的出现,并非偶然。同时,通过吐鲁番文书的记载不难得见,不管是其中的"队头",还是"堰头""团头""槽头"等,他们的身份地位均非常低微,都属于基层士兵、工匠等类的小头目,故从此角度来讲,"板头"似乎亦不出乎其右,其应为某一职役的头目。

其次,"板头"与"村长""保长"等既有联系,又有不同。

一方面,"板头"与"村长""保长"等有一定的联系。"开成四年八月十三日帖"中所载"恐后州司要有追勘状,请帖海口所由及当村板头并赤山寺院纲维等"等语中,提到了"当村板头",又据《入唐求法巡礼行记》记载,"今此山院是文登县清宁乡赤山村内"④。故这里提到的"当村板头",即应为赤山村的"板头"。"板头"来自村,故其与"村长",即村正,"保长",也即"村保"等设置于村的相关基层差役必然会有一定的联系。

另一方面,"板头"与"村长""保长"等又有一定的区别。按《通典》卷三所载"唐令"的规定:"在邑居者为坊,别置正一人,掌坊门管钥,督察奸非,并免其课役。在田野者为村,别

---

① 国家文物局文献研究室等编:《吐鲁番出土文书》,第7册,文物出版社1981年版,第452页。
② 国家文物局文献研究室等编:《吐鲁番出土文书》,第7册,文物出版社1981年版,第447页。
③ 国家文物局文献研究室等编:《吐鲁番出土文书》,第10册,文物出版社1981年版,第166页。
④ [日]圆仁著,白化文等校注:《入唐求法巡礼行记校注》卷二,花山文艺出版社1992年版,第175页。

置村正一人。"① 据此可知，村正和坊正职能是一致的，其基本职责即监察一村。而关于"村保"的设置，唐代史料语焉不详，如《通典》中仅有"五家为保"之语②，《入唐求法巡礼行记校注》的"注文"解释道：唐代有相关设置，"大约指该村的邻保组织。日本仿唐法制订的户令有云：凡户，皆五家相保。一人为长，以相监察"③。据此可知，"村保"，即有监察一保之职责。按照以上规定推断，唐代每一村在设置村正的情况下，又按照人户的多少，将本村分为多保，而每保又设置村保一人，由此，在乡村构建起"村—保"的监察体制。据前文"开成四年九月牒"可见，此份公文既载有"村保"，又载有"村正"，这反映出在赤山村内，村正、村保组织是非常健全的，故他们完全可以完成监察本村的任务。然在此情况下，该村还设置了"板头"，故可以推断，"板头"与村正、村保并不属于同一监察体系，他们应具有不同的职责。

最后，从现有资料看，"板头"可能是设置于沿海等地区，其职责与对外来船只的监察有关。

如在"开成四年七月廿四日帖"前，载有"廿八日，申时，县使窦文至等两人将县帖来"等语，据此可知，"开成四年七月廿四日帖"实际上就是"县使窦文至等两人"带回的"县帖"。如此可以看出，"窦文至"可以直接接受县里的指使。同时，通过此件"帖文"可见，窦文至即是"板头"，其曾经向乡里，即"青宁乡"报告过"日本国船上抛却人三人"一事，而且在此报告之前，其还曾报告过"其船今月十五日发讫。抛却三人，见在赤山新罗寺院"等内容。而上述其他两份涉及"板头"的公文，亦无不与"日本国船

---

① （唐）杜佑著，王文锦等点校：《通典》卷三《食货三》，中华书局1988年版，第63页。

② （唐）杜佑著，王文锦等点校：《通典》卷三《食货三》，中华书局1988年版，第63页。

③ ［日］圆仁著，白化文等校注：《入唐求法巡礼行记校注》卷二，花山文艺出版社1992年版，第177页。

上抛却人三人"一事相关。

以上反映出,"板头"窦文至具有检查相关外来船只人员情况,并具向所属乡申报的职责。另外,再通过唐代其他带有"头"字的职官来看,凡是"某字"+"头"的职官,均属于某一类职业领域的专职官,如"队头"是军队的基层头目,"作头"属于某类工匠的头目等,从这一角度讲,"板头"可能是在沿海等地区专门负责检查外来船只所载人员情况的一类人的头目。因内地不存在对外来船只及其所载人员的管理问题,故在内地不设此职,这或许是导致其他史籍对此记载付之阙如的原因所系。

总之,综上不难发现,《入唐求法巡礼行记》对于唐代"祠部牒"和"板头"的记载均属于难得一见的珍贵史料,目前学界对于该著的研究虽然已经非常深入,但以上使我们认识到,该书对于唐代历史文化研究,仍具有进一步开掘的重要史料价值和意义。

二 宋代黄河三角洲的开发

——以滨、棣二州为中心的考察

黄河三角洲作为我国三个大河三角洲之一，对其历史及其发展问题进行研究，是我国区域史研究的重要内容。然而黄河三角洲却是一个有着分歧的概念，因划分标准不同，其涵盖范围也不尽相同。之所以如此，主要是因为历史时期黄河下游河道变迁不定，致使黄河三角洲的地理范围无法长期固定，进而使得历史时期黄河三角洲的概念，莫中所指。本书所研究的黄河三角洲，其地理范围主要涉及学界通常认定的相关经济地理区域，即今山东省的滨州市、东营市的全部以及淄博市的高青县。这一区域界定是由黄河主河道的现行位置决定的，同时该区域也属于古代黄河三角洲的范畴之内。

对于古代黄河三角洲的开发研究，学界前贤已多有关涉，然相关成果多以专题性研究为主，专门研究某一时代，尤其以宋代黄河三角洲开发情况为对象的研究成果，却尚未见及。众所周知，北宋王朝的建立，结束了唐末以来长期战乱的局面，社会趋于稳定。黄河三角洲地区与我国大部分区域相似，也呈现出了欣欣向荣之势。该区域的发展情况是整个山东乃至华北地区，在宋代开发的一个缩影。在宋代，黄河三角洲地区有二州最为著名，分别为滨州与棣州，今即以此二州为中心，试从其人口、农业、工商业等几个经济发展的主要侧面，来探讨黄河三角洲在这一时期的开发状况，以期了解当时该区域发展的真实面貌、相关特点，增进对宋代黄河三角洲乃至山东地区的有关认识。

（一）人口迅猛的增长

黄河三角洲的人口，在这一时期有了新的发展，现以滨、棣二州为例试加说明。在北宋时期，滨州，为上州，领二县，分别为渤海与蒲台，治所在渤海，即今滨州北。据《太平寰宇记》卷六四记载，其东西为二百二十里，南北为一百三十八里[①]。棣州，亦为上州，领县三，分别为厌次、商河、阳信。《太平寰宇记》又载，棣州州境，东西三百四十九里，南北一百四十九里。太平兴国五年（980）至端拱二年（989）间，棣州主户为15685，客户为40493，合计56178户[②]。这一数字较之唐代中后期元和年间的5447户，有了较大幅度的增长。而在唐代，棣州辖五县，至宋代，棣州较之唐代之时，其所辖县数却减少了两个。从中不难得见，棣州在宋代初期人口增长之迅速。到了宋元丰时期（1078—1085），按《元丰九域志》卷二所载，棣州有主户30580，客户8363，合计38943户[③]，较之宋初人口总量又有所下降，但应当看到，棣州的主户数在这一时期却有了成倍的增长，而主户则是在当地的著籍户，客户则是在当地不入籍户，客户似与当下之流动人口相类。故从户籍人口的角度来看，真正的棣州人，在一百年间，其数量已经翻番。至北宋崇宁元年（1102），《宋史》卷八六《地理志二》记载，棣州之户数为39137户[④]。这一数字，指的是当地的著籍户，即主户数。从中也可以看出，棣州之人口在北宋时期呈现出了一个持续增长的态势。滨州人口的发展情况与棣州大略相似，在太平兴国五年（980）至端拱二年（989）之间，滨州有主户9185户[⑤]，至元丰时期，《元丰九

[①]　（宋）乐史：《太平寰宇记》，中华书局2007年版，第1314页。
[②]　（宋）乐史：《太平寰宇记》，中华书局2007年版，第1312页。
[③]　（宋）王存著，王文楚等点校：《元丰九域志》，中华书局1984年版，第68页。
[④]　（元）脱脱：《宋史》卷八六《地理志二》，中华书局1977年版，第2123页。
[⑤]　（宋）乐史：《太平寰宇记》，中华书局2007年版，第1315页。

域志》卷二记载，其主户为14612，客户为31721①，主户数量增加了近2/3，客户数此前未见记载，而此时达到了三万多户，这一数字较之此前定然有了很大的增加。另外，《宋史》卷八六《地理志二》又记载，在崇宁年间，滨州的户口数达到了49991户②，相较于宋初的9185户，滨州人口实现了六倍左右的增长。

综上可以看出，在北宋时期，滨、棣二州的人口数量有了较大幅度的增长，这从一个侧面反映出北宋时期黄河三角洲地区的经济有一个持续向上发展的趋势。

（二）农、工、商业的崛起

北宋立国后，社会趋于安定，使得农业生产得到了迅速的恢复和发展，黄河的治理，农田水利的兴建则是北方农业发展的关键，而黄河三角洲地区水资源丰富，这既是优势，又是劣势，劣势之一即在于黄河经常泛滥，这对当地造成了极大的危害。如《宋史》卷六一载："建隆元年十月，棣州河决。坏厌次、商河二县居民庐舍、田畴"③，该书卷八又载：景德五年（1008）正月，"河决棣州"④等等。面对黄河水灾，宋朝政府一方面对当地百姓进行安抚，减免租赋，如《宋史》卷八载：景德四年（1007）秋七月，"己丑，诏先蠲滨、棣州水灾田租十之三，今所输七分更除其半"⑤。另一方面，自乾德五年（967）开始，山东各级地方政府每年都会征发数万民工，对黄河各段进行有计划的治理。齐、晖、濮、淄、博、棣、滨等沿河诸州行政长官，须亲自兼任本州河堤使，又专置河堤判官

---

① （宋）王存著，王文楚等点校：《元丰九域志》，中华书局1984年版，第72页。
② （元）脱脱：《宋史》卷八六《地理志二》，中华书局1977年版，第2124—2125页。
③ （元）脱脱：《宋史》卷六一《五行志一》，中华书局1977年版，第1319页。
④ （元）脱脱：《宋史》卷八《真宗本纪三》，中华书局1977年版，第150页。
⑤ （元）脱脱：《宋史》卷八《真宗本纪三》，中华书局1977年版，第149页。

一员，巡视黄河水情，监修河堤加固工程。沿河州县还组织当地农民在河堤种植榆柳、桑枣树木，以巩固河堤，防止河水泛滥。① 另外，有时中央政府也主持有关黄河的治理工程。如《宋史》卷九五《河渠志五》载：元丰元年（1078）六月，京东路体量安抚黄廉言："梁山、张泽两泺，十数年来淤淀每岁泥浸近城民田，乞自张泽泺下流浚至滨州，可泄壅滞。"从之②。从此条记载可知，元丰年间，黄廉建议疏浚黄河下游至滨州段的河道，得到了皇帝的应允。黄河在宋代经过多次治理、疏浚之后，在很长的一段时期之内，其泛滥程度有所降低，危害较小，这为黄河三角洲地区的农业发展提供了良好的自然条件。黄河水利工程的兴建，既是宋代黄河三角洲地区农业发展的前提，也是该区域农业发展的重要表现之一。

除水利兴修、治理之外，宋代黄河三角洲地区农业的发展，还表现在新的农作物品种的种植上。在这一时期，山东地区除了种植传统的粟、黍、麦、豆外，还开始种植水稻，据《宋史》卷一七三《食货志上一》记载，淳化年间，宋政府诏令江北诸州"就水广种粳稻，并免其租"③。而"山东地区先在鲁北的博、棣、滨等州试种，获得成功后在京东路推广"④。黄河三角洲地区成为当时山东首先试种稻类作物的地区，从中亦可得见，在当时该地区的农业生产处于山东地区的领先地位。

在宋代，黄河三角洲的林业、纺织业也有了很大发展，如苏轼曾在《王荀龙知棣州制》一文中指出，当时的棣州"桑麻之富，衣被天下"⑤，由此可见，当时棣州桑麻种植之多。而桑树种植业的发

---

① （元）脱脱：《宋史》卷九一《河渠志一》，中华书局1977年版，第2257—2258页。
② （元）脱脱：《宋史》卷九五《河渠志五》，中华书局1977年版，第2373页。
③ （元）脱脱：《宋史》卷一七三《食货志上一》，中华书局1977年版，第4159页。
④ 安作璋：《山东通史》（宋金元卷），人民出版社2009年版，第194页。
⑤ （宋）苏轼：《王荀龙知棣州制》，《全宋文》卷一八五四，上海辞书出版社、安徽教育出版社2006年版，第244页。

展，又进一步促进了棣州纺织业的开发。如《元丰九域志》卷二就记载，棣州能贡绢和紬，而滨州能贡绢。[①] 另外，据《宋会要辑稿》"食货一九"记载，棣州每年的产绢量达到了"二百五十四疋"[②]，而《宋会要辑稿》"食货一九"还记载，滨州每年能产"绢二百六十二疋"[③]。而当时棣州所产的"小绫"与兖州的"镜花绫"、济南的"绵绢"、淄州的"绫紬绢"、青州的"丝绵"、单州的"薄缣"、密州的"紬"、潍州的"综丝"等，是享誉全国的丝织珍品[④]。除了上述丝品外，棣州、滨州还产"大绫"，据《续资治通鉴长编》卷三〇〇记载，元丰二年（1079）冬十月，"三司乞下河北路岁市小绫二万匹……又诏滨、棣、德、博州岁织细法大绫五百匹，于岁市绫数除之"[⑤]。如此可见，宋代黄河三角洲地区纺织业的发达程度。

除了纺织业外，黄河三角洲的制盐业也是当时山东乃至全国的重要手工行业。《山东通史》指出，山东濒临黄海和渤海，渤海沿岸的登州、莱州、滨州、青州、无棣县，以及黄海沿岸的密州是宋元时期山东海盐的重要产地。宋元时期的山东盐业生产较之前代而言，出现了明显的上升趋势，除了北宋灭亡以及金末动乱所遭受的短期破坏之外，山东盐业在大部分时间里都保持着稳定的生产格局和较高的产量，成为沿海经济的支柱产业[⑥]。在元丰三年（1080）之时，滨州的盐业产量已达到了相当高的数量，如《宋史》卷一八一《食货志下三》记载："滨州场，一岁煮二万一千余石，以给本州及棣、祁州杂支，并京东之青、淄、齐州，若大名、真定府，贝、冀、相、卫、邢、洺、深、赵、沧、磁、德、博、滨、棣、祁、定、保、瀛、

[①] （宋）王存著，王文楚等点校：《元丰九域志》，中华书局1984年版，第72页。

[②] （清）徐松辑，刘琳等校点：《宋会要辑稿》"食货一九"，上海古籍出版社2014年版，第6396页。

[③] （清）徐松辑，刘琳等校点：《宋会要辑稿》"食货一九"，上海古籍出版社2014年版，第6396页。

[④] 安作璋：《山东通史》（宋金元卷），人民出版社2009年版，第199页。

[⑤] （宋）李焘：《续资治通鉴长编》卷三〇〇，中华书局1995年版，第7309页。

[⑥] 安作璋：《山东通史》（宋金元卷），人民出版社2009年版，第204页。

莫、雄、霸州，德河、通利、永静、乾宁、定远、保定、广信、永安、安肃军则通商。后滨州分四务，又增州三务，岁课九千一百四十五石，以给一路，而东京之淄、青、齐既通商，乃不复给。"① 在元丰初年，滨州一年的煮盐量已达到了"二万一千余石"，后来滨州场的产盐量又有所增加，其供应区域也在逐步扩大，于是官方将滨州场一分为四务，以加强管理。

北宋时期，黄河三角洲地区的商业也非常发达。滨州、棣州二州的商税收入颇高，如《宋会要辑稿》"食货一五"记载，滨州旧有的在城及安定、蒲台、永和、永丰、招安等大务，每岁可得税额二万六百五十一贯。后来不仅能够收税的地点增多，且收税额度也有了大幅度的提升。如熙宁十年（1077）之后，滨州一地能收税的地点，除了原先的四务继续发挥作用外，又增加了宁河镇、马家庄镇、宁海镇、三汊镇、通宾镇、新安定镇、李则镇、新安定渡、三汊渡、蒲渡、东永和渡、丁宁渡等多地，而且税收的数额也大幅度地攀升，如宁河镇一年的税额就达到"一万八千一百一十九贯一百六十五文"②，而宁海镇也有"一万二千七十三贯四百八十文"③，仅此两处所收商税数额就超过了此前整个滨州商税总数，而滨州所收的商税额，还一度达到了六万八千六百零五贯④。棣州与滨州的情形大略相似，但棣州的商税收入比滨州还高，如据《宋会要辑稿》"食货一五"记载，棣州旧有税收场务十一处，分别为在城及商河、阳信县、钦风、归仁、西界、太平、脂角、宽河、新务、七里渡，岁收商税达到"七万三千八百一十二贯"⑤，而熙宁十年（1077）之

---

① （元）脱脱：《宋史》卷一八一《食货志下三》，中华书局1977年版，第4428页。
② （清）徐松辑，刘琳等校点：《宋会要辑稿》"食货一五"，上海古籍出版社2014年版，第6305页。
③ （清）徐松辑，刘琳等校点：《宋会要辑稿》"食货一五"，上海古籍出版社2014年版，第6305页。
④ 李景涛：《宋代商税问题研究》，云南大学出版社2005年版，第65—68页。
⑤ （清）徐松辑，刘琳等校点：《宋会要辑稿》"食货一五"，上海古籍出版社2014年版，第6304页。

后,在收税地点和收税额度上也有了很大增加,如仅在城税务,一年的税额就到达了"二万六千七百六十贯一百四十文"①。如此可见,在北宋时期黄河三角洲地区的商业是何等的发达。

北宋时期黄河三角洲地区的商业发展,还表现在这一地区在当时已经具有了各地物资交流中转站的重要地位,如《夷坚志》"乘氏疑狱"条记载,"兴仁府乘氏县豪家傅氏子,岁贩罗绮于棣州"②。由此不难发现,棣州在宋时已成为北方的商业中心和商品流通的中转地带。

发达的纺织业、制盐业、商业等工、商行业,给滨、棣二州带来了丰厚的经济收益,也使得这两州成为当时山东乃至整个宋朝军队建设等重要经费来源,如《续资治通鉴长编》卷一六五记载,庆历八年(1048),判大名府贾昌朝言:"朝廷以朔方根本之地,御备契丹,取财用以馈军师者,惟沧、棣、滨、齐最厚。"③而《续资治通鉴长编》卷一八一曾记载了至和二年(1055)欧阳修对滨、棣等州的评价,其云:"滨、棣、德、博与齐州","此五州者,素号富饶,河北一路财用所仰。"④

总而言之,有宋一代,滨、棣二州的经济取得了长足发展,而滨、棣二州的经济发展状况无疑又是整个黄河三角洲地区开发的一个缩影。黄河三角洲地区通过北宋较长时间内的稳定发展,在取得超越前代发展成就的同时,也使得该区域成为山东地区较为富庶之地。

(三)余论

从以上可见,北宋时期黄河三角洲地区在人口、农、工、商业

---

① (清)徐松辑,刘琳等校点:《宋会要辑稿》"食货一五",上海古籍出版社2014年版,第6304页。
② (宋)洪迈:《夷坚志·夷坚甲志》卷一八,中华书局1981年版,第159页。
③ (宋)李焘:《续资治通鉴长编》卷一六五,中华书局1995年版,第3977页。
④ (宋)李焘:《续资治通鉴长编》卷一八一,中华书局1995年版,第4388页。

等方面均取得了较大幅度的发展,和前代隋唐时期相比,这一时期黄河三角洲的开发表现出如下几个方面的特点:

其一,开发具有持续性。

隋唐时期黄河三角洲的开发表现出了抛物线式的增长曲线,可以在一定时期内达到顶峰,但过一段时间后又跌至历史的低谷。如人口的增长情况,以棣州为例来看,据《元和郡县图志》卷十七记载,唐开元年间,该州人口为25545户[1]。而至唐代鼎盛时期的天宝初年,棣州的人口一度达到了39150户[2],从唐初至天宝初期,棣州人口的数量呈现出不断增长的势头,但元和以降,该州人口则锐减至5447户[3]。然,由前文已知,宋代棣州人口的增长却与唐代不同,这一时期的棣州人口却表现出了持续增长的态势。王义康先生曾指出:"古代社会人口与经济相辅相成,人口分布与经济发展往往具有一致性。"[4] 通过人口的增长情况即不难发现,唐代黄河三角洲地区经济的开发连续性不强,而宋代却与之相反,这一时期黄河三角洲的经济开发具有持续性的特点。

其二,开发的规模和速度不断提升。

从前文所举宋代黄河三角洲地区所收商税额度可知,在这一时期,黄河三角洲地区的商品经济得到了较大幅度的发展,然而,由于缺乏隋唐时期黄河三角地区商税的具体资料,故在这一方面孰难比较,但通过有关手工业生产的情况,则似可发现其中的端倪。如关于绢的产量,前文已述,在宋代,棣州的年产绢量有"二百五十四疋",但通过《元和郡县图志》卷十七的记载却发现,在唐元和时期,棣州的产绢量仅为"十疋"[5],宋代棣州的产绢两竟达到了唐代的25倍还多。如此不难得见,入宋之后黄河三角洲地区的经济开

---

[1] (唐)李吉甫:《元和郡县图志》,中华书局1983年版,第496页。
[2] 冻国栋:《唐代人口问题研究》,武汉大学出版社1993年版,第173页。
[3] (唐)李吉甫:《元和郡县图志》,中华书局1983年版,第496页。
[4] 王义康:《唐河北藩镇时期人口问题试探》,《河南社会科学》2005年第1期。
[5] (唐)李吉甫:《元和郡县图志》,中华书局1983年版,第497页。

发规模和速度较之此前,已有了较大幅度的提升。

之所以唐宋时期黄河三角洲的开发有如此的差距,其原因可能是多方面的。其中之一方面,应与当时社会的动荡与否有直接关联,唐天宝十五载(756)爆发安史之乱,致使唐朝元气大伤,经济大受影响,而反观北宋一朝,此一时期则少有大的动荡。另一方面,则在于宋政府重视农田水利建设,尤其对于黄河的治理非常有效,使得黄河在较长的一段时期内处于安澜的状态,这对于黄河三角洲区域的社会稳定和经济发展,无疑起了非常重要的推动作用。唐代虽亦有水利之兴修,但效果不佳,如《朝野佥载》卷四曾记载,开元六年(718),"唐先天中,姜师度于长安城中穿渠,绕朝堂坊市,无所不至。……又前开黄河,引水向棣州,费亿兆功,百姓苦其淹渍,又役夫塞河。水泛溢,河口堰破,棣州百姓一概没尽"[①]。姜师度曾经进行过黄河水利工程的修建,但对于棣州而言,该州不仅没有因之得到实惠,却"苦其淹渍",而黄河泛滥频发,更直接导致了棣州百姓生命和财产蒙受巨大损失。总之,唐宋之际,黄河三角洲的自然环境相差无几,但经济开发结果却大为不同,人为因素的影响可见一斑。

---

① (唐)张鷟:《朝野佥载》,中华书局1979年版,第90页。

三 新见古籍纸背南宋仓库
文书的性质及意义

古籍纸背文献作为近代以来新发现的文献类型，因其具有双重史料价值，故近来愈发为史家所重。在存世的古籍纸背文献中，宋代相关文献寥若辰星，至为珍贵，日本天理图书馆所藏皕宋楼宋版白居易著《白氏六帖事类集》即其中之一。对于该种古籍纸背文献的情况，现已有一些总体性介绍，如陈乃乾先生指出："余监印此书，发见前三册纸背有嘉定六年至八年鄞江盐税酒税公牍文字，可知此书刻于明州，初刻虽在高宗朝而修补当在嘉定初年。"[1] 此后天理图书馆在介绍该书时亦采陈说，指出其纸背存"嘉定六年至八年的鄞江盐税酒税公牍文"[2]，而日本学者竺沙雅章先生又指出该书共三十卷，系"宋绍兴刊嘉定以后修补本"，纸背为"嘉定六年至八年鄞江公牍"[3]。瞿冕良先生也述其为"南宋绍兴年间刻本，纸背有嘉定六年至八年鄞江盐税酒税公牍文"[4]。此外，日本学者金子和正

---

① [日]金子和正：《白氏六帖事类集纸背の宋代公牍文》，《ビブリア》第八号，天理图书馆1957年版。

② 天理图书馆编：《天理图书馆稀书目录·和汉书之部第三》，《天理图书馆丛书》第二十五辑，天理图书馆1960年版，第9页。

③ [日]竺沙雅章：《汉籍纸背文书の研究》，《京都大学文学部研究纪要》第14号，京都大学1973年版。

④ 瞿冕良：《略论古籍善本的公文纸印、抄本》，《山东图书馆季刊》1992年第2期。

还首次对该批纸背文献进行了整理，但憾未开展相关研究[①]，故该批文献的性质及其重要价值意义等，学界均不甚了了。为推进该批纸背文献的研究，现已设法获取了《白氏六帖事类集》的正面图版，透过正面的《白氏六帖事类集》来看，虽该种汉籍多达30多卷，但其纸背存公文者仅20余叶，这些纸背公文绝大多数为南宋的仓库文书。虽然该批纸背文献的数量稍少，但作为极其稀见的宋代公文原件，其价值意义却非常之高，下面即对其性质、意义等，试做粗浅的探讨。

（一）《白氏六帖事类集》纸背南宋仓库文书的性质

经整理发现，日本天理图书馆所藏《白氏六帖事类集》纸背共存文书26件，其中相对完整者13件，残尾13件。相对完整的文书又分为三种情况，其一为仓库文书，数量最多，共计11件；其二为税局文书，共1件；其三为有关人员缴纳税钱的记录，共1件。本书拟重点关注这批文书中数量最多的第一类文书，即其中的仓库公文及有关文书残尾。为方便研究，下面根据文书释文，先对相关文书的性质略加探析。

如卷九第10叶背：

1. 东渡鄞江库
2. 　今月初陆日卖酒钱壹百壹拾柒贯柒百文。须至申。
3. 　　本钱伍拾壹贯肆百贰拾柒文。
4. 　　　见钱贰拾肆贯玖百贰拾柒文。
5. 　　　官会贰拾陆贯伍百文。
6. 　　息钱陆拾陆贯贰百柒拾叁文。

[①] ［日］金子和正：《白氏六帖事类集纸背の宋代公牍文》，《ビブリア》第八号，天理图书馆1957年版。

三 新见古籍纸背南宋仓库文书的性质及意义　　33

7.　　　　　见钱叁拾玖贯柒百柒拾叁文。

8.　　　　　官会贰拾陆贯伍百文。

9. 右谨具申

10. 闻，谨状

11.　　　　嘉定七年正月　_{日倍承节郎监东渡鄞江库钟}　　□□　状

12.　　　　　□　上覆

（后缺）

由以上可知，此件上残下完，首全尾缺，共存文字 12 行。第 1 行载有公文的发文机构"东渡鄞江库"。那么，该库属于哪一地区呢？据宋宝庆《四明志》卷五记载，"四明"，也即宋代的"庆元府"，其曾又被称作"明州"，该地有一"库"名曰："鄞江门库"①。另，据《方舆胜览》记载，宋庆元府在其所拥山川中即有一江名"鄞江"，又名"鄞水"②。而宋代庆元府所辖六县之中还有一"鄞县"。又，据《元丰九域志》记载，"鄞县"为庆元府的治地③，"鄞县"或因鄞江而得其名。庆元府在宋代则属两浙路所辖。故由以上推断，此件文书的发文机构"东渡鄞江库"，应该属于宋代庆元府之下所设的诸仓库之一。

文书第 2—8 行是此件的主体部分，其中第 2 行是总述，第 3—8 行为分述。由第 2 行可知，此件主要是为了汇报"今月初陆日卖酒钱"一事，而这一月份，据第 11 行可知，当为嘉定七年（1214）"正月"。该行记载了"卖酒钱"的总数为"壹百壹拾柒贯柒百文"，而该行的"须至申"三字，其他相关文书或作"须至申者""须至申上者"之类，其当旨在表明，该语的以下内容系需详细说明之事项。由此判定，此件应为一上行文书。

---

① （宋）罗濬：《宝庆四明志》，文渊阁《四库全书》史部，第 487 册，台湾商务印书馆 1986 年版，第 77 页。

② （宋）祝穆著，施和金点校：《方舆胜览》，中华书局 2003 年版，第 122 页。

③ （宋）王存著，王文楚等点校：《元丰九域志》，中华书局 1984 年版，第 213 页。

第3行、第6行载明,"卖酒钱"系由"本钱"与"息钱"构成,"本钱""息钱"分别又由"见钱"与"官会"构成。可以看出,以上内容是对嘉定七年(1214)正月初陆日庆元府东渡鄞江库卖酒钱总数及其具体构成情况的详细说明。

第9—12行为此件的结尾部分,其中第9—10行是宋代"状"文结尾的惯用程式性用语,由此得知,此件当系一上行的"状文"。同时,由此件第2行所载内容可知,此状文汇报的内容当涉及"今月初陆日卖酒钱"一事,也即有关此"一日"卖酒钱之事,故此状文应该可以称之为"日状"。第11行则载明了此件文书的撰写时间"嘉定七年正月日",以及呈送人"钟某"。按照《庆元条法事类》所载宋代"状文"的基本书式,状文最后登载的即是"年月　日具官姓　名　状"这一内容①。显然,此件第11行与之相似,应属于此件状文最后书写的部分。然,此件在该行之后的第12行还书有三字,其中可辨识者为"上覆"二字。同时,因此三字已被裁切,故尚不能确断其后是否还有其他文字,因之将此件作"后缺"处理。从图版来看,此件第12行的此数字与前文文字笔迹不同,应该属于二次书写。而"上覆"二字,有"禀告""奉告"之意。由此推断,第12行应该属于某位长官的审核批示,即此件经过长官审批后可以上报。该行文字,在已知的宋代状文中很少得见。

总之,由以上来看,此件是一件由东渡鄞江库发出的汇报该库在嘉定七年(1214)正月初陆日卖酒得钱情况的状文。由于该库系南宋庆元府所辖,故此状文最初的呈送对象应该即是该府,但由于此件又有长官的批示,故不排除其又经庆元府审核批准后再次上报的可能。

除此件外,《白氏六帖事类集》卷九第8叶背、卷九第12叶背与此件格式相同、内容相关,且均载明了是"收卖酒钱"。故其性质

---

① (宋)谢深甫等纂修:《庆元条法事类》,《续修四库全书》史部·政书类,第861册,上海古籍出版社2002年版,第299页。

三　新见古籍纸背南宋仓库文书的性质及意义　　35

当与卷九第 10 叶背一致，也是仓库的日状。其中卷九第 12 叶背第 1 行存"门库"二字，据此件第 14 行所载"南门库"三字知，此件的发文机构当系该库。宝庆《四明志》记载，宋代的庆元府设有"南门库"①。因之推断，此件亦当属于庆元府所辖仓库向其呈报的状文。卷九第 8 叶背，因受裱压及正面古籍文字覆盖、纸背文字墨色较浅等因素影响，该件的发文机构及署名人行通过现有图版很难辨识，金子和正释此件的发文机构为"南库"，然在署名人行释出"新监太平州""户部赡军酒库"等文字，但并无"南库"②。另外，在一件《白氏六帖事类集》纸背公文残尾中，即载有相关机构，如卷九第 21 叶背第 1 行载有"添差庆元府户部赡军酒库"等。因之推测金子和正所释的"太平州"三字，或为"本府"之误。因此，鉴于此件与其他纸背文书同属于一批文书，且其出现在了"明州"，故此件也有为庆元府仓库状文的可能。

另外，除以上可以确定属于"收卖酒钱"的仓库状文外，还有几件未明确是否为收卖酒钱的状文，如卷九第 13 叶背，其第 2 行载"今月二十五日收钱壹百叁拾贰贯陆百文。须至申"。这里仅载明了"收钱"，未明确收到的是何种钱，但此件的发文机构是"东渡鄞江库"。虽然此件在第 10 行"右谨具申"一语之后残缺，但该行之前的内容、结构与卷九第 10 叶背一致，故由此可以推断，此件应该是"东渡鄞江库"在某月二十五日呈报给庆元府的收卖酒钱状文。卷九第 9 叶背的仓库名残缺，也仅载"收钱"情况，但其文末的署名中出现了"酒库"，卷九第 11 叶背与之相似，此二件的结构、内容等也与卷九第 10 叶背一致。因此推测，这两件所收之钱可能也是"卖酒钱"。

除以上可以基本确认属于有关仓库汇报所收"卖酒钱"的状文

---

①（宋）罗濬：《宝庆四明志》，文渊阁《四库全书》史部，第 487 册，台湾商务印书馆 1986 年版，第 77 页。
②［日］金子和正：《白氏六帖事类集纸背的宋代公牍文》，《ビブリア》第八号，天理图书馆 1957 年版。

外，还有多件则似为有关仓库汇报所收"卖盐钱"的状文。如卷九第 6 叶背载：

1. ☐仓北库
2. 　　今月十五日收钱壹百伍拾贯捌百肆拾肆文。须至申
3. 　　上者。
4. 　　　本钱陆拾柒贯陆百贰拾贰文。
5. 　　　截柴本钱肆贯玖百伍拾贰文，内会叁贯肆百文。
6. 　　　实发钱陆拾贰贯陆百柒拾文。
7. 　　　　见钱伍拾肆贯肆百柒拾文。官会捌贯贰百文。
8. 　　　　息钱捌拾叁贯贰百贰拾贰文。
9. 　　　　见钱伍拾贰贯贰拾贰文。官会叁拾叁贯贰百文。
10. 右谨具申
11. 闻，谨状
12. 　　嘉定八年七月　日人吏滕　　文
13. 　　　　　　承节郎本府指使监盐仓北库王洪坚
14. ☐　上覆

（后缺）

由以上来看，此件的结构与卷九第 10 叶背基本一致，但"本钱"此处又细分为了"截柴本钱"与"实发钱"，且进一步登载了"实发钱"的构成情况。此件第 2 行仅载明其汇报的是"收钱"情况，至于收的是何种钱，并未述及。而在第 13 行登载官吏署名等时，载其为"承节郎本府指使监盐仓北库王洪坚"。显然，文书首行的发文机构应该就是"盐仓北库"。既然是"盐仓北库"发出的状文，那么文中所载的"收钱"情况，则有可能是对所收"卖盐钱"的记载，也即前人所说的"盐税"。除此件外，卷九第 7 叶背、卷十第 37 叶背的发文机构也是"☐仓北库"，且此二件的结构与卷九第

三　新见古籍纸背南宋仓库文书的性质及意义　　37

6叶背相似，如"本钱"又细分为"截柴本钱"与"实发钱"等项，故据卷九第6叶背推断，此二件的发文机构也应该是"盐仓北库"。因此，据上文推测，这两件所载的收钱情况，也可能是"盐税"。另外，卷九第5叶背的发文机构为"东鄞库"，虽然此件未明载所收者为何种钱，但此件载其"本钱"亦是由"截支柴本钱"与"实发钱"构成的。所以，其结构与卷九第6叶背也一致，而与卷九第10叶背"卖酒钱"状文略有不同。

根据该批纸背文书的结构、内容等可以推断，该批文书中有4件属于仓库呈报所收"卖盐钱"的日状，有7件属于呈报所收"卖酒钱"的日状。这批卖酒钱的仓库日状，多数的呈报对象当是庆元府。由于有关仓库的收"卖盐钱"状文与收"卖酒钱"状文同属于一批公文纸，因此推断，该批收"卖盐钱"状文的呈报对象很可能也是该府。

另外，除以上相对完整的11件仓库状文外，该批纸背文献中还有13件残尾。这13件残尾中有一些结构、内容都比较相近，如卷九第18叶背载：

（前缺）

1.　　　　叁月初陆日

该件仅存文字一行，该行为墨印钤盖的日期，且该行文字的字号较大。因为在公文中，日期往往署于文末，故可知，该行日期当属于某件文书结尾的一部分。除此件外，卷九第21叶背、卷十第32叶背、卷十一第58叶背、卷十二第60叶背、卷十二第62叶背、卷十二第63叶背、卷十二第75叶背、卷十二第76叶背、卷十二第80叶背等9叶文书均载有与此件相似的内容。而其他几件，或为官吏署名，或为签押等，也可以确认其为文书残尾。因为这些残件与上文相关状文来源于同一批公文纸。故可以确认，它们应该也与上述仓库的状文相关。因上述仓库的状文均首全尾缺，而这些用墨印钤盖的日期及官吏署名、签押等，应属于文书的结尾部分，且可能与相关状文有关。如前文卷九第21叶背，其不仅保留了"日进勇副尉添差庆元府户部赡军酒库朱□熙□"等文字，且在其后又有大字墨印文字"叁月初八日"等，这即证实了上述判断。另外，因前文所讨论的日状在相关官员签署"上覆"之前的内容已经比较完整，其残缺者仅"上覆"之后的部分，故据以上蠡测，这些日期等内容，或是相关官员在签署"上覆"等后钤盖的，它们有可能是相关状文经长官批准后再次上呈的时间及长官的押印。

（二）《白氏六帖事类集》纸背南宋仓库文书的价值意义

日本天理图书馆所藏《白氏六帖事类集》纸背南宋仓库文书作为非常珍贵的宋代仓场库务原始史料，它的发现对于宋代财政史、经济史研究具有多方面的价值和意义。

1. 提供了宋代仓库文书的实物资料

在该批文书发现之前，对于宋代的仓场库务文书学界已有所认识，这一认识主要源于近年来在宋版龙舒本《王文公文集》纸背发现的《宋人佚简》。《宋人佚简》的"公牍"部分，载有许多与宋代"酒务"相关的文书，这些文书中数量最多的是在城酒务的日状，总计20多件。这些酒务日状成为学界认识宋代经济史、财政史，尤其是宋代仓场库务管理的一扇重要窗口。这些日状在发文机构及性质等方面与《白氏六帖事类集》纸背南宋仓库文书都有一定的相似之处，但二者又有所不同。如《宋人佚简》在城酒务日状的文书程式如下：

1. 在城酒务
2. 今具某月某日卖酒下项

3. 　一：共收酒务衢西店钱若干
4. 　　酒务共收钱若干
5. 　　　一：卖酒若干毛数计卖正酒若干单价若干共收钱若干
6. 　　　日申课利钱六项若干计卖正酒若干
7. 　　　系省钱若干赴
8. 　　　　州军资库纳
9. 　　　经总制钱若干赴
10. 　　　　通判衙纳
11. 　　　移用等钱若干赴
12. 　　　　通判衙纳
13. 　　　常平司钱若干赴
14. 　　　　州常平库纳
15. 　　　本州头子钱若干赴
16. 　　　　州公使库纳
17. 　　　本务日支雇夫作匠物料钱若干
18. 　　　贴赔加耗酒米曲物料钱三项共钱若干
19. 　　　　糯米除省司支破若干外贴赔若干折钱若干
20. 　　　　麸麹除省司支破若干外贴赔若干折钱若干
21. 　　　　火柴除省司支破若干外贴赔折钱若干
22. 　　　贴解经总制钱若干赴　　通判衙纳
23. 　　　见在若干
24. 　　　以上本日除分隶诸司并贴赔米曲等钱外实解系省钱若干赴
25. 　　　　军资库纳
26. 　　　一：卖糟牌若干折钱若干系分隶转运司经总制钱并常平司钱
27. 　　　衢西店共收钱若干数内卖瓶子酒若干耗料若干折钱若干系买到本务占压麹外实解钱若干赴州军资库纳

28.　　　　衙西正店卖若干系径解赴　　军资库纳
29.　　　　卖酒若干毛数计卖正酒若干单价若干折钱若干
30.　　　　瓶子酒若干单价若干折钱若干
31.　　　　豁店拍户卖钱若干
32.　　　　卖酒若干毛数计卖正酒若干单价若干折钱若干
33.　　　　瓶子酒若干单价若干折钱若干
34. 右谨具申
35. 使府伏乞
36. 照会谨状
37.　　　　　　监舒州商税印
38.　　　某年某月　　日专匠蔡　青　胡　撰
39.　　　　右文林郎、司法参军专一提点酒务汪　舜举①

由以上来看，《宋人佚简》南宋舒州酒务日状的起首、结尾与《白氏六帖事类集》纸背南宋仓库日状比较接近，但两者在文书的主体内容上却有很多区别。《宋人佚简》南宋酒务日状呈报的内容要比《白氏六帖事类集》纸背南宋仓库日状复杂得多。经孙继民等先生研究发现，这些酒务日状实与《庆元条法事类》所收宋代《州县场务收支历》在"日帐程序、会计项目、结尾落款押印"等方面大致相同，而只是在"文书呈报主体称谓、内容顺序、公文结尾套语等方面"有所区别，它们之间是一种个别与一般，具体与抽象的关系②。

显然，《白氏六帖事类集》纸背南宋仓库日状呈报的内容比上述酒务日状及《州县场务收支历》所载内容要简略得多，且登载的事项亦不一致。可以推见，《白氏六帖事类集》纸背南宋仓库日状的所载内容并非来源于《州县场务收支历》，仓库日状与之并不存在个别

---

① 孙继民、魏琳：《南宋舒州公牍佚简整理与研究》，上海古籍出版社2011年版，第172—173页。
② 孙继民、魏琳：《南宋舒州公牍佚简整理与研究》，上海古籍出版社2011年版，第175页。

与一般、具体与抽象的关系。这反映出，在《州县场务收支历》之外，南宋仓场库务还有另外的呈报内容，《白氏六帖事类集》纸背南宋仓库日状不仅为此提供了难得一见的实物史料，也丰富了我们对于南宋仓场库务日状的认识。

同时，还应该看到，《州县场务收支历》的针对对象是"场务"，而《宋人佚简》南宋酒务日状的发文机构为"酒务"，显然其与《州县场务收支历》主要涉及的对象是一致的，但《白氏六帖事类集》纸背南宋仓库日状的发文机构却是"仓库"，之所以两者登记内容有别，或与此有关。在宋代的仓库和场务虽时有分述，但又有时会加以合称，如相关文献称它们为"仓场库务"等，这反映出它们之间具有密切的关联性和相似性，但《白氏六帖事类集》纸背南宋仓库日状又提醒我们，它们之间可能还有些许的区别，并不能等而视之。

另外，李华瑞先生曾指出："宋代官府州、军一级设置酿卖酒、曲，征收酒课的机关，称作都酒务，县一级谓之酒务。"[①] 然，《白氏六帖事类集》纸背南宋仓库日状中报告最多的内容是"卖酒钱"，也即"酒课"，但相关日状的发出者并非"酒务"，而是"仓库"。这又进一步反映出，在南宋除酒务外，部分"仓库"也具有征收"酒课"的功能，这无疑为我们认识宋代酒课的征收机构又提供了新史料。

2. 为认识宋代仓场库务日状的运作程序提供了新契机

对于宋代仓场库务日状的运作程序，前人尚未专门探讨，通过《白氏六帖事类集》纸背南宋仓库日状等资料，可以加深对此问题的认识。

首先，仓场库务在收支钱物时要留存好"历"。

"历"，是我国古代"登记各项事务留作案底，以备查考的文书总称"，"加盖印章，用于某一项特定项目财政收支的历称赤历"[②]。

---

① 李华瑞：《宋代酒的生产与征榷》，河北大学出版社2001年版，第145页。
② 《中国历史大辞典·宋史》，上海辞书出版社1983年版，第28页。

据《宋会要辑稿》"食货五四""诸州仓库"条云：宣和七年（1125）四月二十七日，讲议司言：

"勘会收支官物，州县官司则凭簿历，朝廷、省部、监司则凭帐状，而帐内官物与簿历不同，簿历内又与仓库见在不同，至有帐尾见在钱物一二十万，而历与库内全无见在。攒造驱磨申奏，徒为无用之空文。除诸司封桩钱物已降指挥委常平司官取索驱磨外，其非封桩钱物，欲令所属监司委诸州通判遍诣本州及管下仓、场、库、务，将帐检及逐处赤历文簿，取见在官物实数，于勾院置簿拘籍。"从之。①

这里提到，官府在审核"收支官物"时，州县官司所凭藉的是"簿历"，朝廷、省部、监司则依据的是"帐状"。然，当时不仅存在"帐状"与"簿历"往往不对应，且"簿历"也有与仓库见在钱物不一致的现象。因此，讲议司要求诸州通判要对本州及所管仓场库务的"帐状"与"赤历文簿""见在官物实数"等逐一核查。由此可见，这里的"赤历文簿"当系仓场库务在日常收支钱物时保留的原始记录和备查的"案底"，其中"簿"即是由"原始的历简化统计"而成的②。

在钱物收支时使用"历"这类文书作为原始档案，早在唐代就已广泛推行。如敦煌文献中一件被拟题为《辛巳年（921？）六月十六日社人拾人于灯司仓贷粟历》记载：

1. 辛巳年六月十六日社人拾人于灯司仓贷粟历
2. 法会贷粟柒斗□　索都头粟七斗

---

① （清）徐松辑，刘琳等校点：《宋会要辑稿》，上海古籍出版社2014年版，第7239—7240页。

② 方宝璋：《宋代财经监督研究》，中国审计出版社2001年版，第166页。

三　新见古籍纸背南宋仓库文书的性质及意义　　43

3. 愿僧正贷粟柒斗□

（中略）

11. 索万全粟七斗□①

此件首尾完整，由此来看，其作为一件"灯司仓"的"贷粟历"，在起首处载明了其文书性质为"历"，其内容即是对有关人员贷粟情况的具体记录。

宋代在仓场库务收支钱物时首先要保留好原始的"历"，应该是继承自唐代的相关做法。同时，在《庆元条法事类》中也保留了宋代《州县场务收支历》的基本格式，具体如下：

1.　　　　　州县场务收支历（起置历头依常式）

2. 某州

3.　某月初壹日

4.　　本州

5.　　　税务

6.　　　　收若干

7.　　　　　经制钱若干

8.　　　　　系省钱若干

9.　　　　　封桩钱若干

10.　　　　应寨名依此开

11.　　　支若干

12.　　　　　经制钱若干发赴甚处

13.　　　　　系省钱若干发赴甚处

14.　　　　应寨名依此开

15.　　　　酒务等处依前开应寨名

---

① 唐耕耦、陆宏基：《敦煌社会经济文献真迹释录》第二辑，全国图书馆文献缩微复制中心1990年版，第206页。

16.　　　某县依此开
17.　　　某月壹日至初拾日终通计
18.　　　　收若干
19.　　　　支若干
20.　　　　见在若干依此开
21.　　　某月壹日至月终通计
22.　　　依旬结开
23.　　　税务印
24.　　　团印径四寸
25.　　　条印阔壹寸长陆寸
26.　　　皆具某年某州县镇寨商税务某印
27.　　　当职官书字①

从以上来看，此《州县场务收支历》对于唐"历"的继承痕迹比较明显，如第 1 行要登记"历头"，此"历头"当类似于上文《灯司仓贷粟历》的起首行。此即是说，作为"场务"的收支历，首先要载明是一何种类型的"历"，而这一"历头"的存在必为日后相关机构的审核提供便利。同时，也应该看到，《州县场务收支历》所载内容是"按照某段时间或出入财物类型经过整理编制，其编制的根据是仓库收支的原始凭证钞、旁、帖、券等以及最原始的财物出入记录"②。可以发现，上文的《灯司仓贷粟历》应该属于"最原始的财物出入记录"，而《州县场务收支历》的所载内容则是在类似该件文书的基础上进一步整理而成的财物出入记录。这种经过整理的财物出入记录既保留了财物收支信息的原始性，又便于快速地了解财务收支的状况，因此，该类"历"成为"有关部门查核

---

① （宋）谢深甫等纂修：《庆元条法事类》，《续修四库全书》史部·政书类，第 861 册，上海古籍出版社 2002 年版，第 432 页。
② 方宝璋：《宋代财经监督研究》，中国审计出版社 2001 年版，第 162 页。

三 新见古籍纸背南宋仓库文书的性质及意义　　45

的重要对象"①。

由以上可知，宋代仓场库务在收支钱物时都需留存、整理好收支记录，也即"历"，或作"簿历""赤历文簿"等，而该"历"正是相关场务日状产生的基础和前提。

其次，仓场库务根据留存之"历"撰写日状。

由上文《宋会要辑稿》"诸州仓库"条可知，相关机构在审查场务时除涉及"历簿"外，还涉及"帐状"。据之可见，"帐状"与"历簿"应密切相关。而通过宋廷在核查时发现诸场务"帐内官物与簿历不同"，并责令诸州通判遍诣各地予以查实一事可知，按要求，同一机构、同一时期内撰写的"帐状"与"历簿"其登载的相关财物收支信息应该是一致的。这反映出，"帐状"应该是在"历簿"的基础上产生的。"帐状"，即宋代的"会计报告"，其又有"日状""旬状""月状""季状"和"年报"等多种报告形式②。方宝璋先生认为"宋代的帐状一般是对各种会计凭证旁、帖、券和原始半原始记录历、簿等各种会计资料的汇总和简括。"③方先生所言甚有道理。通过《宋人佚简》南宋酒务日状与《州县场务收支历》中第2—15行"日历"部分的比较，亦可窥见"帐状"与"簿历"关系之一二。关于它们二者间的关系，除前文所言者外，孙继民先生等还云："舒州酒务日状是《州县场务收支历》日帐的一个具体运用的实例体现。"④其实除此之外，南宋舒州酒务"日状"和《州县场务收支历》"日历"⑤还有另外的一层关系，即《州县场务收支

---

① 方宝璋：《宋代财经监督研究》，中国审计出版社2001年版，第165页。
② 郭道扬：《中国会计史稿》，中国财政经济出版社1982年版，第410页。
③ 方宝璋：《宋代财经监督研究》，中国审计出版社2001年版，第171页。
④ 孙继民、魏琳：《南宋舒州公牍佚简整理与研究》，上海古籍出版社2011年版，第175页。
⑤ 按《州县场务收支历》的文体可知，该"收支历"中的每日收支钱物内容，其文体应该为"历"而不是"帐"。在宋代"帐"和"状"在财务收支领域可以混称，如《庆元条法事类》卷四十八"租税帐"条下，既载有"诸州申夏秋税管额帐"，又载有"诸州比较租税状""转运司比较租税状""单状"等。因此，"帐"与"状"可以互通，但"帐状"与"历"却是不同的文体，不能互换。

历》是在场务中收存的作为"案底"的档案,而酒务日状则是向上级呈报的酒务收支报告,之所以酒务"日状"与作为案底的《州县场务收支历》"日历"具有千丝万缕的联系,这反映出酒务日状实际上是根据与之相关且比较原始的"酒务收支日历"撰写而成的。故在主体内容上《宋人佚简》南宋酒务日状与作为"收支历"书式的《州县场务收支历》"日历"部分具有很强的相似性。这也进一步说明,在宋代仓场库务的日状运作中,相关仓库等根据收支日历来编写日状,当系日状形成的关键步骤。

另外,也应该看到,《白氏六帖事类集》纸背南宋仓库日状从格式到内容,都与《州县场务收支历》的"日历"有所不同。这似乎反映出,在实际中,仓库日状的书写可能并不完全遵守《州县场务收支历》"日历"这一集成和标准的格式,可能存在灵活运用的情况。但可以肯定的是,《白氏六帖事类集》纸背南宋仓库日状中的相关信息是经过统计、整理而来的,其应非原始的仓库"卖酒钱""卖盐钱"等的记录。根据上文来看,在相关官吏撰写仓库日状之前,可能还存在相关仓库的"日历",而"日状"正是在"日历"的基础上形成的。

最后,仓场库务向所在州府呈报日状,州府予以审核。

日状形成后,则要进行呈报。通过《宋人佚简》南宋舒州酒务日状的结尾来看,该批日状的呈送对象均为"使府",如前文舒州酒务日状书式第34—36行所载:"右谨具申/使府伏乞/照会谨状。"因宋代的安抚使司别称为行台使府,故"使府"又是安抚使司的别称。在宋代安抚使又往往由知州来兼任,故《宋人佚简》酒务日状中的"使府"可能即是指向了舒州知州。而此处的"照会",有参照、对勘、审核等意。由此可知,该批酒务日状是要呈报给舒州的主要官员予以审核的。

《白氏六帖事类集》纸背南宋仓库日状虽没有出现具体的呈送对象,但多件日状的署名人却透露了有关信息。如卷九第6叶背第13行署名人为"承节郎本府指使监盐仓北库王洪坚"。此件日状的发出

三　新见古籍纸背南宋仓库文书的性质及意义　　47

者是"本府"的"指使",其身份除指使外,还有该盐仓北库的兼职。卷九第9叶背第11行的署名人与之相似,其为"进勇副尉本府散祗候制司权备将兼监江东酒库叶某"。显然,此件状文的呈报人也是来自"本府"的"祗候"。"本府",据前文对文书属地的考证推断,可能是指庆元府。那么,既然相关文书是庆元府的指使、祗候等申报的状文,故可以断定,它们的呈送对象当是该府。同时,据《宋人佚简》南宋舒州酒务日状推断,《白氏六帖事类集》纸背南宋仓库日状也很可能是呈报给庆元府的。虽然在该批南宋仓库日状中没有载明是否需要长官审核,但相关文书多在结尾处另笔书写"上覆"等字。因为该批仓库日状的结尾处已完整地载录了署名人等信息,且按照宋代"状文"的基本格式,该"日状"至相关署名人处已经完结。故书写此"上覆"等字者,应该不是仓库的相关官吏,而应为另外的官员,其有可能是文书的呈送对象,也即庆元府的主要官员。既然长官决定可以将相关日状"上覆",则表明相关文书应该也经过了审核。因此,仓场库务日状呈报给所在机构的主要官员,并由其进行审核,应该是该类文书运行的一个步骤。

当然,从《白氏六帖事类集》纸背南宋仓库日状来看,对日状进行审核后相关文书的运作似还未完全完成,因为这批文书的尾部信息表明,它们还需要再做进一步的上报。《宋会要辑稿》曾记载,绍兴五年(1135)四月份下令"行在交纳库务每日具每色纳到数目逐路各若干,申总制司照会"[1]。这里即要求各地仓库要以路为单位,逐日将"具每色纳到数目"呈报总制司审核,这种由路向总制司申报的载有纳到各色数目的文书,应该即"日状"。当然,南宋的这一规定在绍兴之后是否还能继续执行,难以确断,但由此可以推见,《白氏六帖事类集》纸背南宋仓库日状由庆元府继续进行申报的部门,可能是其上级两浙路。这反映出,当州府仓场库务日状呈报

---

[1] (清)徐松辑,刘琳等校点:《宋会要辑稿》,上海古籍出版社2014年版,第7781页。

所在机构的主要官员后,还有进一步申报上级机构的可能,而相关日状的终极呈送对象,则可能是总制司。以上即仓场库务日状运作的大致脉络。

其三,展现了南宋"钱会中半"货币制度的施行情况

通过前文《白氏六帖事类集》纸背卷九第 10 叶背、卷九第 6 叶背等文书可知,相关仓库在登记收到卖酒等钱的细目时,均出现了"官会"或"会"。"官会""会子"又称为"东南会子""行在会子""京会"等,是在南宋的铜钱区,即江东西、浙东西、湖南、两广、福建等地流通的发行量最大的楮币①,也是南宋除铜钱之外的主要货币。南宋在推行会子的过程中,施行"钱会中半"的货币制度。对于这一制度,学界前贤已多有探讨,该批纸背文献中对有关"官会"等的记载,为认识这一制度在宋宁宗嘉定年间的施行情况,提供了珍贵的一手信息。

所谓"钱会中半",是指"封建国家赋入与支出中所实行的铜钱与会子数量对等的制度与原则"②。其在南宋的确立有一个过程,"自淳熙初年以后,封建国家财政收支的钱会中半原则基本确立,而赋税输纳中的钱会中半制度也大体持久化"。"这种情况直至南宋灭亡,大体未变。"③当然,该制度在执行过程中也有过变化,如汪圣铎先生指出,在"宁宗嘉定年中称提会子,曾于短时间内改为三分现钱七分会子"④等。同时,汪先生在探讨南宋对会子的"称提",也即调整会子与铜钱的比价时指出,嘉定年间是南宋两次大规模称提会子的时期之一。之所以要对会子进行称提,主要是为了应对这一时期会子的贬值,官府收入的减少。为此,南宋政府采取了"以

---

① 汪圣铎:《两宋财政史》,中华书局 1995 年版,第 373—374 页。
② 汪圣铎:《从钱会中半看会子的法偿地位及其影响》,《中国钱币》1987 年第 2 期。
③ 汪圣铎:《从钱会中半看会子的法偿地位及其影响》,《中国钱币》1987 年第 2 期。
④ 汪圣铎:《从钱会中半看会子的法偿地位及其影响》,《中国钱币》1987 年第 2 期。

三 新见古籍纸背南宋仓库文书的性质及意义　　49

税回收"会子等办法以提升其值。汪先生曾举嘉定六年（1213）五月以前的某时，朝廷曾下令让福建八州军府的上供纲运全部缴纳会子一年等例加以说明①。可以看出，虽然在嘉定年间依然施行"钱会中半"的货币制度，但因这一时期会子贬值，通过传世史料来看，至少在一定的时期内，该制度并未得到执行，甚至为了称提会价，在税收中竟出现了全部收"会"的现象。

同时，关于嘉定时期的"会价"，汪圣铎先生也有深入研究，其指出嘉定初期"官方以新会一兑收旧会二的比例，大约就是以此时旧会会价确定的"②。换言之，此时的会价每贯等于500文左右的铜钱。随后由于空前的称提，会价上升，有些地区一度涨达800文足以上，后又降至600文上下，总体来看嘉定八年（1215）前后会价还是回升了③。但在通常情况下，一张"一贯面额东南会子等价于770文铜钱"④。以上是我们当前关于"钱会中半"制度在南宋嘉定时期的执行情况，以及当时会价的大致认识。

首先，通过《白氏六帖事类集》纸背南宋仓库日状来看，"钱会中半"的货币制度的确在嘉定时期得到了施行。其中在与"卖酒钱"相关的仓库日状中，文书在登记"本钱"及"息钱"时，均载其是由"见钱"与"官会"构成的。"见钱"即指铜钱。而在与"卖盐钱"相关的仓库状文中，其"本钱"中的"实发钱"及"息钱"等也都是由"见钱"与"官会"构成。在"本钱"中的"截柴本钱"一项中，如卷九第6叶背第5行，在登记完总钱数后，虽未进一步再细分为"见钱"与"官会"，但列出了该项钱数中的会子数，即所谓"内会叁贯肆百文"等。已知该批仓库日状的时间是在

---

① 汪圣铎：《从钱会中半看会子的法偿地位及其影响》，《中国钱币》1987年第2期。
② 汪圣铎：《两宋货币史》，社会科学文献出版社2003年版，第696页。
③ 汪圣铎：《两宋货币史》，社会科学文献出版社2003年版，第696页。
④ 王申：《论小面额东南会子对南宋货币流通的影响》，《浙江学刊》2020年第5期。

嘉定六年（1213）至八年（1215）之间。故由该批文书可知，南宋"钱会中半"的货币制度在嘉定年间确在实际中得到了执行。

其次，由这些文书还能够看到"钱会中半"制度其实际执行情况与传世文献的记载有所出入。通过相关文书可以发现，在嘉定时期的税收领域，"会子"在"钱会中半"中所占的比例，总体上较之传世文献所载的要低。

如以卷九第10叶背为例来说，该件所载收卖酒总钱数为"壹百壹拾柒贯柒百文"，其中"本钱"项下"官会"为"贰拾陆贯伍百文"，"息钱"项下"官会"为"贰拾陆贯伍百文"，各项下所有"官会"之和为"伍拾叁贯"，"官会"占总钱数比例为45%。

卷九第9叶背中所载该件所收钱总数为"壹百壹拾柒贯柒百文"，其中"本钱"项下"官会"为"捌贯肆百文"，"息钱"项下"官会"为"贰拾陆贯叁百文"，各项"官会"之和为"叁拾肆贯柒百文"，占总钱数的比例为29.5%。

卷九第6叶背所载该件收钱总数为"壹百伍拾贯捌百肆拾肆文"，其中"本钱"项下"官会"为"叁贯肆百文""捌贯贰百文"，"息钱"项下"官会"为"叁拾叁贯贰百文"，各项"官会"总数为"肆拾肆贯捌百文"，占总钱的比例为30%。

卷九第7叶背所载收钱总数为"壹百伍拾壹贯叁百玖拾文"，其中"本钱"项下"官会"为"叁贯肆百文""贰拾壹贯壹百文"，"息钱"项下"官会"为"叁拾叁贯肆百文"，各项"官会"之和为"伍拾柒贯玖百文"，占总钱数的比例为38.2%。

其他相关仓库日状中"官会"所占总收钱数的比例与上文各件相类，亦即是说，在该批嘉定年间的仓库日状中，"官会"所占总收钱数的比例不高于50%。虽然由卷九第6叶背来看，在"卖盐钱"的仓库状文中，"截柴本钱"项下"官会"所占比例要高于50%，但仅此一项并未改变"官会"在此件总收钱数中的占比情况。因此，该批纸背文献反映出，这一时期"钱会中半"制度在实际中总体上还是得到了较好的执行。虽然传世文献记载在这一时期财物收支领域存在缴纳"三分现钱七分会子"或"全部缴纳会子"的现象，但这种现象或仅为个案，并不能反映该制度的实际执行状况。

最后，仓库日状还反映出在"钱会中半"制度的实际执行中，南宋官方如何看待"会子"的会价问题。通过上述仓库日状可见，各件文书在登载"本钱""息钱"等项的细目时，往往列出其总数，然后再细分其为"见钱"与"官会"，而"见钱"与"官会"之和等于上项"本钱"或"息钱"。这无疑反映出，虽然据传世文献得知，"会子"在嘉定时期的"会价"有很大的波动，每贯值铜钱在500文至800文之间，但在实际的官方课税征收中，会子与铜钱是被视为同等价值的货币的，即南宋官府是以"官会"的面值，而非其相关"会价"来确定其价值。这一点对于我们进一步认识会子在实际中的使用情况，无疑也很有启发。

四 古代家学的"三观"教育智慧及其当代资鉴

——以明清滨州杜氏家学为例

众所周知,家学文化是我国古代优秀传统文化的瑰宝之一,通常认为其滥觞于"五帝三代"之时的"畴人之学"。对此《史记》"集解"释曰:"家业世世相传为畴。律,年二十三传之畴官,各从其父学。"[①] 从此之后,家学文化历经数千年之演进,迄至明清而不衰。对于我国古代的家学文化,学界已给予了广泛的关注,并取得了丰硕的研究成果,其中相关研究既涉及有关古代文化、政治名家家学的内容、传承、影响等的个案探索[②],亦有对某一时期、某一地域或整个古代家学之表现、特征、理论体系及现代借鉴意义等之综合性考察[③]。然而,虽然学界探讨已多,但由于我国古代家学文化的

---

① 司马迁:《史记》卷26《历书四》,中华书局1959年版,第1259页。
② 如崔宏艳:《李白家学渊源考论》,《绵阳师范学院学报》2015年第3期;李久学:《家学对曾国藩理学思想形成的影响》,《湖南大学学报》(社会科学版)2015年第6期;颜以琳:《颜真卿书风与家学传承》,《中国书法》2016年第7期;王钧林:《孔氏家学中的〈尚书〉学——两汉〈尚书〉学研究的一个独特视角》,《武汉科技大学学报》(社会科学版)2018年第2期等。
③ 王永平:《六朝家族》,南京出版社2008年版,第440—449页;王永平:《东晋南朝家族文化史论丛》,广陵书社2010年版,第155—165、196—203、376—389页;陈利娜:《魏晋南北朝家学兴盛的表现及其影响》,《岳阳职业技术学院学报》2012年第5期;汪超:《宋代士人家学、主客与师承关系析论》,《江西教育学院学报》2013年第2期;陆建猷:《中国传统家学的现代参鉴价值》,《社会科学》2013年第5期;蒋明宏:《略论明清苏南望族家学》,《江南大学学报》(人文社会科学版)2017年第1期;郝云红、陆建猷:《中国家学哲学话语体系的理论建构》,《宁夏社会科学》2019年第3期;王伟:《中古家风家学与家族文学》,《中国社会科学报》2019年11月11日等。

内容异常丰富,故古代家学仍有广阔的可探索空间,如古代家学中对家族成员"人生观""价值观""处世观"等"三观"的教育,是系关家族成员发展成败的关键问题,但对此教育思想学界却缺乏专门的阐发,而这些思想、智慧对当今的资鉴意义也未有论及,比较遗憾。因之,今将在借鉴前人研究成果的基础之上,以明清时期曾经成就"父子五翰林""一门十二进士"的滨州杜氏家学为例,对此问题试做探析,以期增进对家学"三观"教育思想的认识,进而推进对我国古代家学的研究。

(一)引言:明清滨州杜氏家学概况

明清时期的滨州杜氏家族,可谓我国古代若干"士族"之一。在明初大遗民之背景下,洪武二年(1369)杜氏始祖杜雄飞移居滨州,随着"杜雄飞颇善于持家理财,其家庭慢慢殷实起来。随着家庭经济情况的不断好转,他的儿孙们不仅继承了勤俭持家的良好家风,也开始顾及后代的教育,特别是读书学习,文化方面的教育"。"至少从五世起,杜家的子孙已开始读书并且不断有优秀子弟取得功名。此后,杜氏后人很好地秉承了耕读传家的传统,家族逐渐走向兴盛。"[①] 最终,杜氏家族发展为明清时期著名的官宦世家、文学世家、书画世家。迄至清末,滨州杜氏家族共走出12名进士,18名举人,327名秀才,为官者多达188人,其中杜堮、杜受田、杜翰等父子五人,在清代同入翰林,成为一时代之佳话。而更令人惊叹之处则在于,在明清500年间,杜氏家族不仅保持了长盛不衰,且为官者中未出现一位贪官污吏,所有子孙中,更无一人留下劣迹。对此"奇迹",咸丰《滨州志》道出了其中之缘由:"世族言家法者,以杜氏为称首焉。教诸

---

① 杜立晖、刘雪燕:《家族·文化·社会:明清黄河三角洲杜氏家族文化研究》,天津古籍出版社2013年版,第60页。

子先实行而后文章,言皆可为世法。"① 此处所言之"家法",即为其"家学",杜氏家族在子孙培养中能取得如此优异的成绩,实得益于其家学也。另外,陈寅恪先生也在《唐代政治史论述稿》一书中指出:"所谓士族者,其初并不专用其先代之高官厚禄为其惟一之表征,而实以家学及礼法等标异于其他诸姓。"② 可以说,明清滨州杜氏与我国古代他一些士族相似,其家族相关成就的取得,多有赖于其良好"家学"的传承。

明清滨州杜氏家学的精髓,主要集中体现在杜氏第十四世孙,官至内阁学士的杜堮所撰杜氏《述训》《家塾绪语》等作品之中。已有的研究表明,杜氏家学的主要内容涉及"文化知识的传授""艺术陶冶""德育教育""为人处世的教导""为官之道的传承"等诸多方面③,而杜氏家学的传承形式则包括了"启蒙教育""家训""家谱、年谱""教子诗、教子文""家塾""身教""实践锻炼"等多种④。同时,已有的研究还发现,杜氏家学中包含若干"和谐"的思想,等等⑤。不难得见,明清时期滨州杜氏家学作为我国古代家学中的一种,其不仅蕴含着丰富的内容和多样的传承形式,对杜氏子孙具有良好的"家法"之效,且对于当今时代仍具有良多的借鉴意义,有"可为世法"的重要价值。

---

① (清)李熙龄编:咸丰《滨州志》卷一〇,台北:成文出版社1976年版,第336页。
② 陈寅恪:《唐代政治史论述稿》,生活·读书·新知三联书店2001年版,第259页。
③ 杜立晖、刘雪燕:《家族·文化·社会:明清黄河三角洲杜氏家族文化研究》,天津古籍出版社2013年版,第64—81页。
④ 杜立晖:《家学文化传承形式探析——以滨州杜氏家学为例》,《滨州学院学报》2009年第2期。
⑤ 杜立晖:《古代家学的"和谐"思想——以明清黄河三角洲杜氏家学为例》,《广西社会科学》2010年第1期。

（二）从滨州杜氏家学看古代家学的"三观"教育思想

培养子弟形成正确的"三观"，是我国古代家学的根本任务之一。下面即以明清滨州杜氏家学为中心，透过其家学，探索我国古代家学中有关"人生观""价值观""处世观"的培育方法及其思想光芒。

1. 关于人生观的教育

滨州杜氏家学之中对于如何培养子弟的人生观，培养怎样的人生观，有一些比较独到的思想，具体如下。

首先，立志为先，培养习惯。

在杜氏家学看来，人的志向是决定一个人人生走向的重要因素，因此非常重视对子弟进行"立志"的教育。如杜堮在杜氏《述训》之《书后五条》第一条中言及其家训时云："大抵赠公之训首在志气，有志气而后有心胸，有心胸而后有识见，有识见而后有谋猷。"[1] 另外，杜堮在《家塾绪语》中又有告诫其子弟"志者大，所见者远"[2] 等语。不难看出，在杜氏家学中，"志气"被认为是决定一个人的"心胸""识见""谋猷"等的先决条件。也即是说，"志气"不仅决定了一个人的格局、眼界，也决定了其将来所能做出的贡献。所以，对子弟人生观的培养，首要者是对其进行"立志"的教育。

另外，杜氏家学认为，一个人仅仅有"志气"是不够的，要培养其形成正确的人生观，还需令其养成良好的行为"习惯"。如杜氏《述训》第二则即云："家语曰：'少成若天性，习惯如自然。'此为

---

[1] 杜立晖、刘雪燕：《家族·文化·社会：明清黄河三角洲杜氏家族文化研究》，天津古籍出版社2013年版，第160页。
[2] 杜立晖、刘雪燕：《家族·文化·社会：明清黄河三角洲杜氏家族文化研究》，天津古籍出版社2013年版，第213页。

人第一关头。"① 杜氏家学认为，做人的"第一关头"是养成如"自然"般的"习惯"。而这一习惯的培养，要从孩子最小的时候开始，"教不于此时，亦将如子之渐长而不复可变矣"②。那么，如何才能让"习惯"成为"自然"呢？这就需要遵循循序渐进的原则，同时还要激发孩子的"兴趣"。如以引导孩子读书为例，可令其"自六七岁，即当亲师傅，就义理，浅近处，日为讲解，渐进渐加，至二十岁，不可一日旷闲"，当"彼既得其旨趣"之后，便"自不能已"③。

其次，仁信存心，家国在怀。

明清杜氏家学与我国古代其他家学相似，也深受儒家文化的影响，如其将"仁""信"等品行作为子弟人生观的主要培养目标。《书后五条》曾云："问家风，曰：孝弟、忠信、礼义、廉耻，其大端也。""为人不可一端指言，然大要以仁存心，以礼存心，而忠信为之主，兢兢焉，唯恐或失而已。"④ 可以看出，杜氏家学要子弟形成的正是要具有仁爱、礼仪、忠信之心的人生观。而此人生观的建立与否，对人的行为影响至深，如《家塾绪语》第一三○条指出，凡不具"爱众""亲仁"之心的子弟，往往会因"学才小，了辄不邂长老，雌黄信口，喜憎任情"，以至于"为乡党所恶，父老所嫌"⑤。一个人若不知爱憎和礼敬，必然会为他人所恶。因此，在对人的培养中，使其做到"仁信存心"非常重要。

若"仁信"是对人生观中的品性要求，则"家国天下"就是对人生观中"情怀"的关照。这一点又与儒家思想中的"修身、治

---

① 杜立晖、刘雪燕：《家族·文化·社会：明清黄河三角洲杜氏家族文化研究》，天津古籍出版社2013年版，第131页。
② 杜立晖、刘雪燕：《家族·文化·社会：明清黄河三角洲杜氏家族文化研究》，天津古籍出版社2013年版，第131页。
③ 杜立晖、刘雪燕：《家族·文化·社会：明清黄河三角洲杜氏家族文化研究》，天津古籍出版社2013年版，第137页。
④ 杜立晖、刘雪燕：《家族·文化·社会：明清黄河三角洲杜氏家族文化研究》，天津古籍出版社2013年版，第161页。
⑤ 杜立晖、刘雪燕：《家族·文化·社会：明清黄河三角洲杜氏家族文化研究》，天津古籍出版社2013年版，第223页。

国、平天下"理念不谋而合。如杜氏《述训》第二十四则指出,培养子弟读书的目标应是为了求得"家国天下之道",而非世人所追逐的"科第梯梁"。且认为只有让子弟树立"化民成俗尽职报国"的人生理想,才不至于造成"其人才尽坏"[①]的恶果。

最后,知足常乐,张弛有度。

在杜氏家学中,还注意培养子弟树立"知足常乐""张弛有度"的人生理念。如杜氏《述训》第三十九则载道:"日日而忧不足,是终身无足之日也;日日而以足为乐,是无日非足之时也。"[②]该则即是说,若一个人天天忧患不足,则一生都无满足之日。反之,若天天以足为乐,就没有不满足的时候。而只有有满足感,人才会感受到生活的快乐。所以,要"以寡欲为本,常令心志淡泊,则纷华可损,思虑可省,感慨可消"[③]。

同时,在杜氏家学看来,人不仅要保持清心寡欲、知足常乐的心态,且还要适应大自然的规律,做到"张弛有度"。如《家塾绪语》第四十条中有载:"日方过午,疾忙收敛,以蓄明日之光华;岁方迁夏,疾忙收敛,以养来年之发育。天地且然,而况乎人。"[④]这里即以"日""岁"为例,阐明人在生存、发展过程中也要懂得"收敛"的道理,而只有懂得适时的"收敛",才能为个人将来的进一步发展蓄积力量。反之,若不知及时收敛,如"世有禀赋强盛,少年恣意纵情,甫及三十而已亡者,不胜可数"[⑤]。所以,"张弛有度"在杜氏家学中并非指消极、遁世的处世原则,而是为了着眼于

---

① 杜立晖、刘雪燕:《家族·文化·社会:明清黄河三角洲杜氏家族文化研究》,天津古籍出版社2013年版,第141页。
② 杜立晖、刘雪燕:《家族·文化·社会:明清黄河三角洲杜氏家族文化研究》,天津古籍出版社2013年版,第151页。
③ 杜立晖、刘雪燕:《家族·文化·社会:明清黄河三角洲杜氏家族文化研究》,天津古籍出版社2013年版,第175页。
④ 杜立晖、刘雪燕:《家族·文化·社会:明清黄河三角洲杜氏家族文化研究》,天津古籍出版社2013年版,第181页。
⑤ 杜立晖、刘雪燕:《家族·文化·社会:明清黄河三角洲杜氏家族文化研究》,天津古籍出版社2013年版,第181页。

人的更长远发展所做出的谋划。

2. 关于价值观的教育

滨州杜氏家学中关于价值观的教育，也不乏可资借鉴的思想智慧，具体如下。

首先，不逐名利，不汲富贵。

对于"功名利禄""荣华财富"，杜氏家学不仅保持着非常冷静的态度，且反对对此加以追逐的行为。如杜氏《述训》第三十八则云："吾见世之求仕者，多为其途奔走风尘，需迟岁月，追其半通甫绾，而华发盈头矣"，对于这种"奔走风尘"以逐功名的行为，以及"以有官为荣、无官为辱"世俗人情，杜氏嗤之以鼻。他们认为，读书的目的不是为了获得功名，而应是为"功施社稷、泽被生民"。同时，他们也看清了"无官反荣，有官反辱者，比比而是"的现实。① 因此，对于仕宦功名的态度，他们认为"但当其自至"而已。② 故在此价值观念的指导下，杜氏家族将儒家"学而优则仕"的思想，进一步发展为"学而优则仕，不优则不仕，优亦不必仕"的仕宦观，③ 并对其子弟产生了深远的影响。

此外，对于世人所秉持的"富贵有余乐，贫贱不堪忧"的富贵观，杜氏家族反其观而提出了"贫贱有余乐，富贵不堪忧"的思想④。之所以有此认识，主要是因为杜氏成员认识到了"鲜衣美食与人竞胜，朝酣暮乐恣意养安，盖奢与怠常相因，懒与贫恒相附"⑤ 的

---

① 杜立晖、刘雪燕：《家族·文化·社会：明清黄河三角洲杜氏家族文化研究》，天津古籍出版社2013年版，第150页。
② 杜立晖、刘雪燕：《家族·文化·社会：明清黄河三角洲杜氏家族文化研究》，天津古籍出版社2013年版，第176页。
③ 杜立晖、刘雪燕：《家族·文化·社会：明清黄河三角洲杜氏家族文化研究》，天津古籍出版社2013年版，第150页。
④ 杜立晖、刘雪燕：《家族·文化·社会：明清黄河三角洲杜氏家族文化研究》，天津古籍出版社2013年版，第151页。
⑤ 杜立晖、刘雪燕：《家族·文化·社会：明清黄河三角洲杜氏家族文化研究》，天津古籍出版社2013年版，第212页。

道理。所以，对于"今人于名利所系，不得则以为憾"的现象，杜堮则告诫其子孙要保持"超然于得失之间"①的平常心态。

在明清之际，所有的滨州杜氏成员为官者，都能做到清廉奉公，其原因之一，当即是受到了其家学中这种淡泊功名与富贵，超然于得失之间的价值观的指引。

其次，获益磨折，受害奢靡。

磨难与挫折，在常人眼中往往被视作厄运或痛苦的经历，但在杜氏家学中却被视为个人成长中的宝贵精神财富。如《家塾绪语》第七十五条云："人少年多受磨折，后来便得多少便宜。盖视世间不如意事皆属寻常，而不以动于中也。不动于中则不妨其应为之事，古人大本领，多从此出。"② 在杜氏看来，人在少年之时经历挫折和磨砺再所难免，但只要不为其所动，并能坚守初衷，必能在将来成就大的本领。由此思想不难发现，在杜氏家学中实则倡导子孙要形成积极应对"磨折"的价值观念和心态。

而对于生活中的"奢靡"之气，我国古代的其他家学也多有涉及，如早在三国时期，诸葛亮在《诫子书》中就曾告诫其子："夫君子之行，静以修身，俭以养德。"③ 在这里诸葛亮对其子强调，人只有通过节俭才能抵御"奢靡"的诱惑，培养自己的道德节操。而杜氏家学则与相似，也认为，"奢侈"和"浮靡"有百害而无一利。如《家塾绪语》有云："餍膏粱者易生昏怠，饰文绣者易长浮靡。昏怠、浮靡则志气与骨力皆无有矣，虽策之以严亲，督之以良师，犹无与也。"④ 在杜氏看来，奢靡的生活，往往会蚕食人的心智和身体，即使有再严厉的亲人和再好的师傅也无法将其培育成才。因之，

---

① 杜立晖、刘雪燕：《家族·文化·社会：明清黄河三角洲杜氏家族文化研究》，天津古籍出版社2013年版，第207页。
② 杜立晖、刘雪燕：《家族·文化·社会：明清黄河三角洲杜氏家族文化研究》，天津古籍出版社2013年版，第197页。
③ 张澍辑：《诸葛亮集》，中华书局1974年版，第28页。
④ 杜立晖、刘雪燕：《家族·文化·社会：明清黄河三角洲杜氏家族文化研究》，天津古籍出版社2013年版，第215页。

杜堮提出了"饮食宜素,衣服宜朴,不独取俭而已也"①的观点。由此思想可以看出,杜氏家学又将我国传统文化中的"节俭"美德做出了更进一步的认识。

最后,破除自是,摒弃私欲。

对于自我的价值认识和判断,是价值观的重要内容之一。杜氏一方面告诫子弟不要以自我为中心,自以为是,而是要善于突破自己;另一方面,则要求子弟要摒弃自私自利之念。如杜氏《述训》第一则开篇即云:"自见之谓明,自听之谓聪,自胜之谓强。人惟不自见、自闻而后自是。既自是矣,益怠长傲,强于何有?乃所谓大愚也。"②这里提出,若人不能认识自我,而是自以为是,这样不仅不会使自己变得强大,反而使自己变得非常愚蠢。在《家塾绪语》中对这一思想又进一步重申:"心思智力一有所囿,反来复去总不出此圈子,一旦跳出其外,乃见天地之圆方。"③所以,在自我的认知上,杜氏家学强调要正确地看待自己,不要以个人为中心,不刚愎而自用,而只有善于突破自我的人,才能使自己拥有更为广阔的舞台。

杜氏家学要求子弟不要以"自我"为中心的另一个理念,即要"摒弃私欲"。如杜氏《述训》第三则云:"小儿嬉戏,每指某物曰'是我有也',曾宜以怒色诃之。盖恐长自私自利之心而渐离其天性也。防微杜渐,斯虑之早矣。"④杜氏要求,从"小儿"开始即要防止其萌生"自私自利之心"。杜氏家学还认为,"私欲"是个人成长的羁绊,如杜氏《述训》第二十则曾云:"人只为自己,先有私意

---

① 杜立晖、刘雪燕:《家族·文化·社会:明清黄河三角洲杜氏家族文化研究》,天津古籍出版社2013年版,第215页。
② 杜立晖、刘雪燕:《家族·文化·社会:明清黄河三角洲杜氏家族文化研究》,天津古籍出版社2013年版,第130页。
③ 杜立晖、刘雪燕:《家族·文化·社会:明清黄河三角洲杜氏家族文化研究》,天津古籍出版社2013年版,第188页。
④ 杜立晖、刘雪燕:《家族·文化·社会:明清黄河三角洲杜氏家族文化研究》,天津古籍出版社2013年版,第132页。

四 古代家学的"三观"教育智慧及其当代资鉴 61

牵制,所以见理不明,虽其明者,亦行之不力,不便于己故也。痛治此心,去之务尽,自然光明正大,超出万物之表。"① 在杜氏看来,若一个人做事仅以自我为中心,其就会受"私意牵制",对于事理的理解,对处事行为的选择都会因之大受所限。反之,若只去此"私心""私欲",人才能光明正大地做事,才能有所作为。

3. 关于处世观的教育

对于家族成员处世观的教育,滨州杜氏家学中也有很多可资借鉴的思想,具体如下。

首先,低调谨慎,守拙守默。

"低调谨慎"与"守拙守默"既是明清滨州杜氏家族为人处世的写照,也是其家学中对子弟教育的重要内容。如在重修世族谱序时,杜氏第十氏孙杜漱曾告诫子孙:"勿以族大人众为可恃,而以凭藉骄溢为可虞。"② 杜漱借助修谱的时机提醒子孙,要低调处世,不要骄溢。杜堮又在《石画龛论述·梦余因话录》中教育后代:"为人要气局阔大,志意高远,然不可错认放荡,狂易为阔大高远也,要知惟其阔大,是以谨慎,惟其高远,是以规矩,须从源头辨认。"③ 这里提到,为人不仅要低调,还须懂得"谨慎"之理。另外,杜氏家学在对子孙进行低调与谨慎的处世观教育的同时,又进一步告诫子孙要处世中还需做到"守拙守默",即尽可能地内敛,不于众取宠,不求知于人。如《家塾绪语》第一二七条即载:"守拙守默,无地不宜",要做到"独喻而不求众喻,自知而不必人知。"④

杜氏第十五氏孙杜受田,其处世之道正是其家学中"低调谨慎"

---

① 杜立晖、刘雪燕:《家族·文化·社会:明清黄河三角洲杜氏家族文化研究》,天津古籍出版社2013年版,第139页。
② 侯玉杰等:《滨州杜氏家族研究》,齐鲁书社2003年版,第290页。
③ (清)杜堮:《石画龛论述》,《四库未收书集刊》第九辑,第13册,北京出版社2000年版,第613页。
④ 杜立晖、刘雪燕:《家族·文化·社会:明清黄河三角洲杜氏家族文化研究》,天津古籍出版社2013年版,第221—222页。

"守拙守默"的最好体现。如在其年谱《杜文端公年谱》中曾对其这一处世原则有所记载:"府君以潜邸旧学时承顾问,益自谨悫,故于家庭燕语从不及禁中事,平日献替,翰等益弗得闻,而年姻故旧颇有以无所建白为言者,颔之而已。"① 杜受田曾为清咸丰帝帝师,官至协办大学士、刑部尚书,但其对家人保持着守口如瓶、谨言慎行、低调行事的态度,对外人更是如此,以至于杜受田最亲近的年姻故旧们竟认为其为官期间无所事事耳。

其次,不争不抢,能让得让。

杜氏家学中对子弟处世观教育的另一内容,即是教育子弟在与他人的相处中,要遵循"不争不抢""能让得让"的原则。在生活中与他人相处,彼此之间产生一些摩擦甚至矛盾,实所不免,而遇到这一情况时,杜氏家学要求子弟,一方面要"以义胜私,化其忮忿之情,求合于惇睦之意",即要用仁义而不是私心,以求得与他人关系的和睦。另一方面则要求子弟"即有不合而争,然争而不胜其让也"②。亦即是说,既使必须要去"争",但也不是为了去"争胜",而是要做出让步。

同时,《家塾绪语》又载:"凡功皆可以让人,凡名皆可以让人,以至一切聪明才辩光耀一时者,无不可以让人。"且进一步指出,若以这种方式处世,则"此其所存者大矣,而其所期者远矣"③。可以说,在杜氏家学之中,不仅"功名"可以"让",甚至连一切能"让"者都可以让之于人。而在家族的认识中,这种"让",是一种有远见、有格局的表现。相反,若"尺寸不肯让,人当其时,亦自觉得意",而"时势既移,同声渐寡,而非之者乃数倍

---

① (清)杜翰等:《杜文正公年谱》,刻本1859年版,第33页。
② 杜立晖、刘雪燕:《家族·文化·社会:明清黄河三角洲杜氏家族文化研究》,天津古籍出版社2013年版,第135页。
③ 杜立晖、刘雪燕:《家族·文化·社会:明清黄河三角洲杜氏家族文化研究》,天津古籍出版社2013年版,第214页。

于囊之、和之也"①。

最后,知爱知敬,乐于助人。

杜氏家学在处世观的教育中,还强调与人相处之时要做到"知爱知敬"。杜氏《述训》第三则曾载:"知爱知敬,始家邦终四海,即由此充之,非有加也。"② 同时,前文也已提及,当一个人"了辄不邂长老,雌黄信口,喜憎任情"之时,往往会令人嫌弃。因此,对人尊敬且存有仁爱之心,是与他人友好相处,并能够获得他人认可的重要处世原则。

此外,在与他人交往中,杜氏家学还进一步要求子弟要树立"乐助于人"的处世观。在杜氏看来,凡是能够对他人加以关照和帮助,对他人宽厚相待之人,将来多能促进自身的发展,自己会因之得到更多的回报。反之则不然。所以,杜氏《述训》在第四十一则云:"凡能照管他人者,其后多能全自己","所簿者厚而所厚者薄,亦未之有也,更宜反转观之"③。

总之,由以上不难看出,无论是对于"人生观""价值观"还是关于"处世观"的教育,杜氏家学在吸取中华优秀传统文化精神以及古代家学文化思想等的同时,又提出了一系列非常独到的见解,这些既有丰厚文化内涵,又具一定创新性的教育思想和智慧,为培养其子弟形成良好的"三观",铸就明清时期的望族,打下了坚实的基础。

(三)古代家学的当代资鉴

作为我国古代家学之一的杜氏家学,其在子弟"人生观""价值

---

① 杜立晖、刘雪燕:《家族·文化·社会:明清黄河三角洲杜氏家族文化研究》,天津古籍出版社2013年版,第221—222页。
② 杜立晖、刘雪燕:《家族·文化·社会:明清黄河三角洲杜氏家族文化研究》,天津古籍出版社2013年版,第132页。
③ 杜立晖、刘雪燕:《家族·文化·社会:明清黄河三角洲杜氏家族文化研究》,天津古籍出版社2013年版,第152页。

观""处世观"的培养过程中，总结出了丰富的思想智慧和教育方法，而这些教育思想、方法对于当今青少年的"三观"培育，仍有重要的参考和借鉴意义。

首先，从杜氏家学对于人生观的培养中可以发现，"立志向""养习惯"与"激发兴趣"，也即是"唤醒自我"的教育，实则是杜氏家族培养子弟形成正确"人生观"的有效实施方案。其中"志向"，可视作"人生观"培养的"目标"，而"习惯"则是确保"目标"能够实现的行为"规范"，"唤醒自我"则又是前两者得以实现的"动力源泉"。由杜氏家学来看，此三者，在人生观的培养中缺一而不可。这一点对当前的青少年人生观培养很具启发意义。从现在看来，一些在人生观方面存在问题的青少年，究其原因，往往是因为其人生观的形成阶段，在其人生观的教育和培养中缺少了其中的一环或多环内容所致。如有的可能因为在家庭教育中缺乏人生"目标"的正确引导，最终导其致走向迷途；有的则可能因为从小没有养成良好的习惯，没有形成正确的行为规范，造成人生的走向与"目标"出现偏差；还有的则可能是因为自身缺乏应有的动力，导致其人生"目标"和"规范"等流于形式，正确的人生观难以实现等等。因此，从这一角度，应借鉴杜氏家学的相关经验智慧，三管齐下，以确保青少年正确人生观的养成。

另外，还可以发现，在杜氏家学中，我国传统文化中的儒道思想，是子弟"人生观"培养的主要思想来源。显然，杜氏家族对子弟的"人生观"培育，主要来自主流的传统文化思想，可以说，杜氏家族用儒家的思想来自塑造子弟的品行和胸怀，以促成其成长为社会和国家的有用之才，而用道家的思想，令子弟来保持良好的心态、调整生活的节奏，以期达到个人持久、长远发展的目标。一个人要在社会上立足并能够得到长期发展，这两个方面实则都不能偏废。杜氏家学的这一思想智慧对于当今的青少年人生观教育，也颇有启发意义。

此外还要看到，当前受西方文化的冲击和影响，我国传统文化的影响力在某些方面有所弱化,而"个人主义""拜金主义""享乐主义"等西方价值观念和人生追求在社会上大量存在,"留洋潮""移民潮"等"西方至上"的观念炙手可热等等,都在很大程度上对青少年人生观的塑造产生了诸多不良的影响。因此,在此情形之下,倡导借鉴古代优良的家学文化,继续秉承和弘扬儒家所倡导的仁义、忠信、礼敬、节俭、勤奋、心怀天下等思想文化精髓,培养青少年形成具有相关品行和家国情怀的人生观念,就显得非常必要。同时,加强对青少年心理的引导和梳理,让其明白"张弛有度"的人生哲学,也必然会为其未来的发展奠定健康的身心基础。

其次,关于"价值观"的培养,杜氏家学中的很多思想也值得参考。如关于如何看待功名利禄的问题。在当今世界,这一问题依然是广大青少年在成长过程中需要面对的问题。通过杜氏家学的人才培养经验来看,若能够抵御名利与物质的诱惑,"超然于得失之间"则更有利于自身的长远发展。而杜氏家学对于"挫折""磨难"等正面价值的教育,对于今天青少年价值观的培养也深有启发。在生活、学习、事业上遇到挫折和坎坷,人人都无法避免,但若借鉴杜氏家学的思想,用积极的心态去面对,或许可以实现"福祸"之间的相互切换。

另外,对于自我价值的判断,也可以从杜氏家学中汲取有益的思想营养。由此可以得到一些启示,如一个人若想实现自身的更大价值,就必须要突破自我的即有格局,要放弃一些既得的个人利益,只有这样,才可能赢得更大的人生舞台。

最后,在人的"三观"教育中,"处世观"往往是在当前家庭教育中最容易被忽视的问题,而明清杜氏家族的成功,则在很大程度上是得益于对子弟"处世观"教育的重视。杜氏家学中关于"处世观"的教育思想及其实践,非常值得参考和借鉴。目前,很多青少年或因缺乏与兄弟姐妹相处的经验,或因未在家庭接受正确的处世原则、方法的教育,导致他们不太了解与他人交往的方式、方法,这一现象的存在，不仅造成他们往往会存在人际交流的某些障碍，更往往会阻碍他们获得友谊以及他人的支持和帮助，进而影响到了他们的长远发展。通过杜氏家学中关于处世观的教育思想可知，在处世中，只要放低个人的姿态，保持谨慎低调、谦虚忍让、尊敬礼貌的态度，就会更容易获得他人的理解、支持和尊敬。而多把他人放在心上，多注意去帮助他人，少关注自己，就会收获他人更多的帮助。汲取这些思想智慧，必然会使得一些青少年的"处世"窘境有所改观。

五　清代传牌制度探析

——以日本早稻田大学图书馆藏传牌为中心

日本早稻田大学是海外收藏我国古籍的知名机构之一，在早稻田大学图书馆藏有非常少见的清代"传牌"原件三件。传牌制度虽是清代非常重要的牌符制度之一，但真正保留至今的传牌原件却寥寥无几。因此，早稻田大学所藏清嘉庆年间的传牌文书无疑成为非常珍贵的实物资料。对于这三件传牌，学界已有所关注，如魏永康先生曾对其做过整理，并指出这几件传牌"为认识清代传牌制度、文书用语、公文传递等提供了直观的材料"[①]。但遗憾的是，魏先生并未对其加以探究。除此之外，关于这三件传牌及清代传牌制度的相关问题，学界亦未探讨。清代曾广泛施行传牌制度，通过早稻田大学所藏传牌原件，不仅可以认识清代传牌的类型、渊源及其运作流程，还可以了解清代传牌与其他牌符间的关系等问题，因之，这些传牌具有非常重要的史料价值和意义。有鉴于此，今将在借鉴前人研究成果的基础上，以日本早稻田大学所藏传牌为中心，对清代传牌制度试做粗浅的探讨，以期推动清代传牌制度、牌符制度等研究的进一步发展。

（一）关于早稻田大学所藏清代传牌的说明

对于日本早稻田大学所藏的清代传牌，魏永康先生已进行过整

---

① 魏永康：《嘉庆年间喜峰口驿路三件传牌》，《历史档案》2019年第1期。

理，但其所做相关文书录文尚有进一步探讨的余地，故为研究之需，今根据这些传牌的图版，并按照敦煌吐鲁番文书的整理规范将其重新释录并说明如下。

其一，嘉庆六年传牌

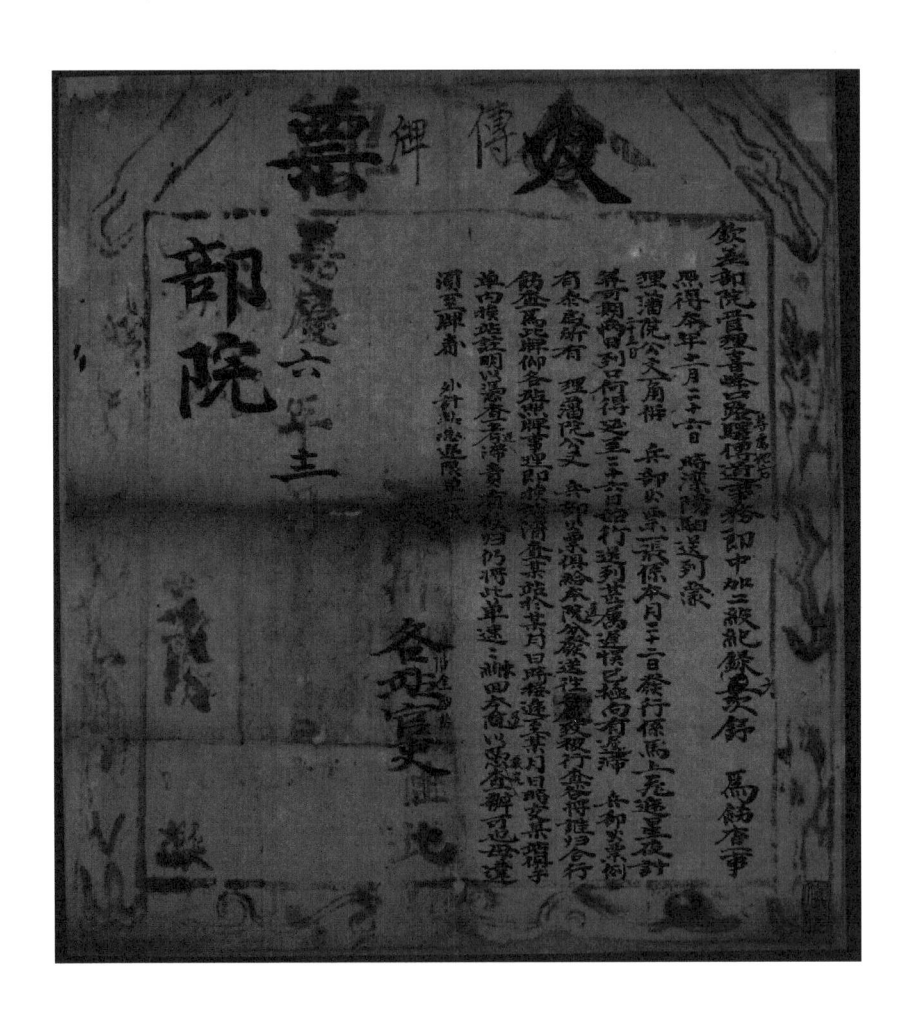

1. 钦差部院管理喜峰口路等处地方驿传道事务郎中加二级纪录六次舒为饬查事。
2. 照得本年十二月二十六日时，滦阳明送到蒙
3. 理藩院公文一角并兵部火票一张，系本月二十二日发行，系马上飞递，星夜计

五　清代传牌制度探析　　69

4. 　　　算，可期二十三日到口，何得延至二十六日始行送
　　　　　到？甚属迟误已极。向有迟滞兵部火票，例
5. 　　　有参处。所有理藩院公文、兵部火票，俱给本道分
　　　　　发送往各处，致被行查，咎将谁归，合行
6. **传**　　伤查。为此，牌仰各站照牌事理，即挨站清查，某
　　　　　站于某月某日时接递，至某月某日时交某站，俱于
7. 　　　单内挨站注明，以凭查考，迟滞责有攸归。仍将此
　　　　　单速速缴回本道，以凭严究查办可也。毋违。
8. 　　　须至牌者。　　外计粘接递限单一纸。
9. **牌**　　　**右牌仰**沿途驿站官吏　**准此**
10. 　　**嘉庆**六年十二月　　日
11. 　　部院　　**定限**　　　　　　　**日缴**

此件传牌，魏永康先生将其定名为《喜峰口等处驿传道舒为挨查理藩院等公文迟滞事致沿途驿站传牌》（以下简称"魏文"）。在对此传牌释录时，魏文未遵照其原始格式，导致诸多文书信息丢失。同时，魏文在释录中亦有漏录、错录之处，而对于此件传牌的"注释"也有进一步补充、纠正的空间，具体如下。

从此件的图版来看，此件有边框、牌头和正文组成，其中边框为蓝色花纹，牌头先印蓝书"令牌"二字。魏文认为，此件传牌"系由空白刻印令牌纸改写"[①]，此说并不准确。虽然此件牌头最先确是印刷了"令牌"二字，但后又被改作了"火票"，"传牌"实则是在"火票"的基础上进行的改写。

另外，从此件正文来看，其共计 11 行，且字号大小不一，字体格式有异，如第 1 行较之第 2—8 行字号要大。另外，此件中不仅有手写体，还有印刷体，如第 9 行的"右牌仰""准此"，第 10 行的"嘉庆""年""月""日"，第 11 行的"定限""日缴"等文字，以

---

① 魏永康：《嘉庆年间喜峰口驿路三件传牌》，《历史档案》2019 年第 1 期。

及已经被覆盖的"令牌"二字和现"部院"二字下所遮盖的文字等，均为蓝色印刷体。这些文字当是借用自最初的"令牌"。除此之外，其余文字则均为墨色手书。

再者，文中还有若干涂改痕迹，如第 1 行的"等处地方""六"，第 4 行的"二十三日"，第 5 行的"道"，第 6 行的"迟""道""覆究"，第 9 行的"沿途驿站"，第 11 行的"部院"等文字，均为修改后的文字。以上内容在魏文中未予说明。另外，此件在右下脚还钤盖有"早稻田文库"之印，该印章为收藏印。

此外，魏文中还漏录了第 9 行的"准此"二字，并将第 8 行的"外计粘接递限单一纸"与第 9 行"右牌仰沿途驿站官吏"的顺序颠倒，将第 10 行的时间移至文书之外等，均有违文书原意。

总之，由此件的牌头及其所载时间可知，此件是一件嘉庆六年（1801）十二月份的传牌原件，而此传牌是在空白"火票"的基础上进行的填写，而"火票"又是在"令牌"的基础上进行改写的。另外，由第 1—8 行可知，此传牌的内容涉及部院管理喜峰口路等处地方驿传道事务郎中舒为饬查传递迟滞的"理藩院公文"及"兵部火票"事项有关。由于此传牌并未在结尾处钤盖印章，故推断此件传牌或未真正发出，可能为稿件。今据其形成时间等重新拟题为《嘉庆六年（1801）喜峰口等处驿传道舒为挨查理藩院等公文迟滞事致沿途驿站传牌稿》（以下简称《嘉庆六年传牌》）。

其二，嘉庆八年传牌

五　清代传牌制度探析　　71

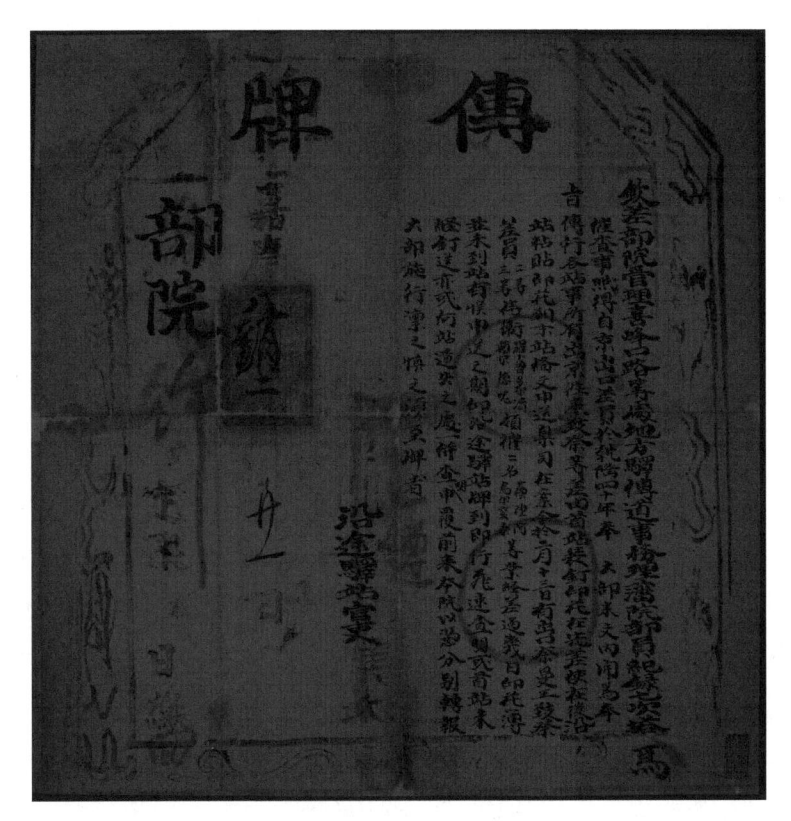

1. 钦差部院管理喜峰口路等处地方驿传道事务理藩院部员纪录七次塔为

2. 　催查事。照得自京出口差员，于乾隆四十年奉　大部来文内开，为奉

3. 旨传行各站事。所有出京往来、致祭等差，由首站装钉印花在先，差使在后，沿

4. 　站粘贴印花，到末站备文申送臬司在案。今于二月十三日有出口奈曼王致祭

5. **传** 差员二等侍卫罗卜曾多尔济、三等侍卫额尔德呢，领催二名苏升阿、乌尔衮泰等，业经差过几日，印花簿

6. 并未到站，有悮①申送之期。仰沿途驿站，牌到即行飞速查明，或首站未

7. 经钉送，亦或何站遗失之处，一并查明申复前来本院，以凭分别转报

8. 大部施行。凛之，慎之。须至牌者。遵

9. **右牌仰**沿途驿站官吏　**准此**

10. **牌**　嘉庆八年（销）（朱印）二月　廿一日

11. 部院行　　　　定限　　　　日缴回

此传牌魏文定名为《喜峰口等处驿传道塔为挨查出口差员印花簿迟滞事致沿途驿站传牌》，并注曰："此传牌正文文字上纵向画有两个朱笔圈；'须至牌者'后有朱笔'己遵'二字，'部院行定限日缴回'中'行''回'二字为朱笔。日期上盖有满汉文字'管理喜峰口路驿站关防'。"②从图版来看，此件传牌确与《嘉庆六年传牌》有许多不同，但此二者亦有很多相似之处。如此二者的格式非常相似，且此件牌头中的"传牌"二字是对"令牌"二字的改写，这也与上件"传牌"改自"火票"相类。另外，此件的文字也是印刷体与手写体兼而有之，且印刷体文字与上件亦似。其不同者，即魏文已述但有待纠正之内容。如"须至牌者"四字后有朱笔"遵"字，上件无。魏文认为，该字前还有一"已"字，从图版可见，在"遵"字之上有一勾画符号，魏文将其释作"已"，实误。另，第10行日期处除钤盖印章外，在"年"字处还有一墨书的"销"字，该字的笔迹与其他墨书文字不同，且该字《嘉庆六年传牌》不载，魏文对此漏录、漏述。由以上可知，此件至少经过了三次书写。同时，此件第9行的"准此"二字，魏文亦漏录。

总之，由第1—8行可知，此传牌的内容，涉及调查部院管理喜

---

① "悮"，当系"误"之讹，以下同此，不另说明。
② 魏永康：《嘉庆年间喜峰口驿路三件传牌》，《历史档案》2019年第1期。

峰口路等处地方驿传道事务理藩院部员塔为出口奈曼王致祭差员印花簿有误申送之事。因此件钤盖了印章，可知其当系一件正式的传牌原件。今据其形成时间等，可将其拟题为《嘉庆八年（1803）喜峰口等处驿传道塔为挨查出口奈曼王致祭差员印花簿迟滞事致沿途驿站传牌》（以下简称《嘉庆八年传牌》）。

其三，嘉庆二十年传牌

1. 钦差部院管理喜峰口路等处地方驿传道事务理藩院主事纪录十次珠为
2. 　　行查事。案查向例，凡有差出京者，自首站钉送印花，沿站粘贴，至末站备文
3. 　　申送按察司衙门查对转送。今于十二月十四日，有黑龙江将军差往都京，送进

4. 上野猪等物去之参领和成额等进京事竣回，并无随差装钉印花簿到站。查通

5. 州首站，凡自京差出者，往往有差使先行，印花簿迟悮在后。乃抗违不遵，

6. **传** 殊属不成事体。为此，牌仰沿途各站，照牌事理，牌到即查。此次印花簿或首站未经钉送，

7. 或系何站迟悮，立即挨站查明缘由，作速申覆前来，以凭据情转报，咨将

8. 有归。毋违迟延，致干未便。飞速，火速。须至牌者。遵

9. **右牌仰**沿途驿站官吏 **准此**

10. **牌** **嘉庆**二十年（朱印）十二月十五日发

11. 部院行 定限 日缴回

此件传牌，魏文定名为《喜峰口等处驿传道珠为挨查黑龙江传差事竣印花簿迟滞事致沿途驿站传牌》，并注曰："此传牌正文文字画一朱笔圈；'须至牌者'后有朱笔'遵'字；时间'嘉庆二十年十二月十五日'中'十五'二字为朱笔，'日'字后有朱笔'发'字；'部院行定限日缴回'中'行''回'二字为朱笔。"[1] 魏文所言大致不误，但还可做进一步的补充。如此件与《嘉庆八年传牌》相似性颇多。首先，此件的行文格式与《嘉庆八年传牌》相似，其亦由牌头与正文等组成，牌头是对"令牌"二字的改写，不过此件所改者仅"令"字，其"牌"字仍沿用原字。其次，此件的文字字体与《嘉庆八年传牌》亦似，即由墨色手书与蓝色印刷体文字构成，而印刷体文字与《嘉庆八年传牌》一致，但魏文漏录第9行的"准此"二字，并将第7行的"将"字误释为"得"字等。最后，此件还载有朱印一枚，亦钤盖于文书结尾的年月处，其印文与《嘉庆八

---

[1] 魏永康：《嘉庆年间喜峰口驿路三件传牌》，《历史档案》2019年第1期。

年传牌》所钤之印完全相同，据此可知，此印章亦为"管理喜峰口路驿站关防"之印，该印章魏文漏释。

另，据第1至8行可知，此传牌的内容，涉及调查部院管理喜峰口路等处地方驿传道事务理藩院主事珠为行查黑龙江将军差往都京并无随差装钉印花簿到站事。由于此件钤盖了印章，可以断定此件也是一件正式的传牌原件。今据此件的形成时间等，可将其拟题为《嘉庆二十年（1815）喜峰口等处驿传道珠为挨查黑龙江传差事竣印花簿迟滞事致沿途驿站传牌》（以下简称《嘉庆二十年传牌》）。

综上可知，日本早稻田大学图书馆所藏清代传牌均属于嘉庆时期，且均涉及行查喜峰口路等处地方驿传道事务之事的文书。从各件所载印章判断，可以确定《嘉庆八年传牌》《嘉庆二十年传牌》属于正式的，且在实际中使用的传牌，而《嘉庆六年传牌》不载印章，亦无朱笔，故此件或是未尚未发出的、非正式的传牌稿件。

（二）清代传牌的类型与制度来源

因缺乏对清代传牌制度的专门探讨，当前学界对于清代传牌的类型及其制度来源等尚不明了。为此，今结合早稻田大学所藏清代传牌等资料，对该问题略做探析。

1. 关于清代传牌的类型

根据用途、传递内容等的不同，可将清代传牌大致划分为如下几种类型：

其一，用于驿站传递公文等的传牌。

由上文早稻田大学所藏清代传牌可以看出，这三件传牌都是在驿站中使用的，其中的"传"字，有传递之意，而"牌"字则为"牌子"之意，但据上文传牌可知，这些在驿站中传递的牌子，并非金属或木质的牌符，而是纸质的文书。同时，通过相关传牌来看，这些传牌具有类似于当今上级部门下达的"通知""指示"等类公文的性质。如《嘉庆六年传牌》，此传牌是钦差部院管理喜峰口路等处地方驿传道事务郎中，为调查"理藩院公文"及"兵部火票"传递迟滞事宜而下达的通知书或指示。而该通知书不仅需要"挨站"传递，且需各站对其要求加以落实，即各站要注明迟滞公文等于"某站于某月某日时接递，至某月某日时交某站"，以便查勘。以上反映出，在驿站中使用的传牌，是各站"挨站传递"并需逐一落实的上级通知或指示。这说明，该类传牌可以为某事在驿站中单独使用。

同时，通过其他资料来看，该类传牌又可以与其他公文等一起使用，是要求各驿站传递相关公文的通知或指示。如在我国第一历史档案馆所藏的一份公文中，云贵总督彰宝就提出了"重要公文特用传牌驰递"的建议①，而在清代的其他档案中，存在若干因传递奏折、题本等的传牌迟误或丢失而上报的公文②。同时，在传世文献中也不乏传牌传递相关公文的记载，如《清高宗实录》记载：乾隆二十五年（1760）陕甘总督杨应琚奏称："现在军务已竣，台站马匹应酌分缓急，口外办事大臣如所奏紧要，仍用六百里传牌速递，如寻常奏报者，皆用四百里。"③这里即指出，传牌的用途在于传递内外办事大臣所奏紧要之事，具有传递相关公文通知之类的性质。而由此可知，前文《嘉庆六年传牌》中喜峰口路等处驿站用于飞递"理藩院公文一角并兵部火票一张"者，可能即为"传牌"。

同时，由杨应琚的奏折又进一步得知，清代的传牌又分缓急，有"六百里"和"四百里"之别。另外，据相关记载，清代还有"八百里"传牌，如乾隆三十九年（1774）军机大臣等据图思德奏：

---

① （清）彰宝：《咨明重要公文特用传牌驰递事》，中国第一历史档案馆，档案号：03—1109—064。
② （清）裕诚：《呈驿站接递奏折传牌延迟各件清单》，中国第一历史档案馆，档案号：03—4516—019；（清）邵亨豫：《奏为查明芷江县接递云南巡抚送题本因马夫中途跌毙传牌遗失以致误投兵部事》，中国第一历史档案馆，档案号：03—7302—009。
③ 《清高宗实录》卷六一二"乾隆二十五年五月上"，中华书局1986年版，第883页。

"巡查关隘探得边外信息缘由一折。已于折内批示矣。前据兵部奏：该署督用八百里传牌赶回奏折，恐未必即系此件。业经传谕图思德，令将所奏究属何事，何以亟须赶回缘由，明白回奏。"① 另：还有"五百里"传牌等，如道光七年（1827）十二月丁丑兵部奏："十二月初一日，接递扬威将军等限行五百里军报，传牌内注有附报黄布公文口袋一个，缴部火票木匣一个。"② 其中相关"百里"者，当是指传牌的每日传递里数，代表了传牌的传递速度。

由以上可见，清代的一种传牌是在驿传中使用的公文，其或单独使用，是向各驿站官吏传达、调查有关事宜的通知或指示，或在各驿站中与其他公文等同时使用，是用于传递其他公文等的通知或指示。

其二，用于犯人押解的传牌。

清代的传牌不仅用于公文传递，还用于犯人的押解。如《钦定大清会典则例》记载：

> 顺治十六年，题准：刑部问拟充军人犯，开明籍贯送部。照军卫道里表开载卫所附近充军者，发二千里；边卫充军者，发二千五百里；边远充军者，发三千里；极边充军者，发四千里；烟瘴充军者，发烟瘴地方亦四千里。如无烟瘴，即以极边为烟瘴。以上充军人犯给传牌一纸，札行顺天府，令沿途府州县差役递解，取具收管送部，仍移咨该抚取具地方官文结并原发传牌缴部察覆。③

这是一道在顺治十六年（1659）下达的公文，此公文要求，对

---

① 《清高宗实录》卷九七二"乾隆三十九年十二月上"，中华书局1986年版，第1275页。
② 《清宣宗实录》卷一三一"道光七年十二月"，中华书局1986年版，第1172页。
③ 《钦定大清会典则例》卷一二三，文渊阁《四库全书》史部，第623册，台湾商务印书馆1986年版，第677页。

于各类充军之犯要给予"传牌一纸",以"令沿途府州县差役递解"。亦即是说,此传牌是沿途府州县差役递相押解犯人的命令或指示,且当犯人递解完成后,还需将传牌"缴部察覆",此"部"可能是指文中提及的"刑部"。如此可知,传牌实则又是在犯人押解过程中令沿途经过府州县遵守的命令或指示。同时,由以上可知,此类传牌也是纸质,且因需要沿途府州县递相完成犯人押解任务,故此类传牌也是需"传递"之牌。

另,《钦定大清会典事例》又记载:

> 光绪十三年,奏准:嗣后如遇紧要军流人犯起解,于例派员弁兵役外,应由该营汛①酌量加派二三名帮同管押,倘有劫夺情事,仍按例惩办,以昭慎重而专责成。至该遣犯到配后,应令迅取收管,并原发传牌送部,以凭查覆。②

这是光绪十三年(1887)的一道公文,此公文要求,当押解的犯人到达应发配之所后,一方面要迅速对其采取收管措施;另一方面则要将原先与犯人一同发来的传牌送部。这反映出,在晚清犯人的押解过程中依然需使用传牌。显然,这一种传牌是各地押解犯人的命令或指示。

因此,由以上可见,作为纸质文书的清代传牌,有一种是用于犯人押解的,是在此过程中令沿途府州县等传递并遵守的命令、指示类的公文。

其三,用于传递信息的传牌。

清代中央部门在下达或传递相关信息时,往往也使用传牌。如《清宣宗实录》记载:道光七年(1827)三月己丑,奕绍曾奏"初

---

① "汛",据文义该字当系"迅"之误。
② 《钦定大清会典事例》,《续修四库全书》史部·政书类,第810册,上海古籍出版社2002年版,第219页。

十日祭奉先殿，献爵侍卫到班迟误"一事，经查实发现，相关人员迟误的原因各各不同，如"康保因在内值班，伊家人未能将传牌送进"，而"宝龄在圆明园值班，敬凯未经接到传牌"等等。因之，清廷要求："嗣后凡遇祭祀应派执事人员，着该管官先期发给传牌，俾得早为豫备。如有迟误失仪等事，即着派出行礼之阿哥王公等据实参奏，勿得瞻徇姑息。"① 由此可知，"传牌"又是行用于清代有关部门，用于告知相关人员参与某事的"通知"。

再如，《清穆宗实录》记载，刑部奏："审明笔帖式擅办公府门文，将失察之员分别定拟并请将奉恩镇国公桂池议处一折。据称已革笔帖式承屏，在奉恩镇国公桂池府内教读，因本年十月桂池之母向伊提及宗人府办理应封宗室，桂池之弟桂丰业经呈送，未见传牌，属令缮写该公府门文，交参领奎昌钤印，奎昌未经查出拦阻。……"② 此处记载了一起因笔帖式擅办公府门文之事，其中提及此事的违规之处在于"未见传牌，属令缮写该公府门文"。这反映出，宗人府在办理应封宗室之事时，需向相关人员出示"传牌"，此"传牌"也即相关通知或指示。

因此，由以上又可知，在清代相关部门之间存在用"传牌"下达通知、指示的现象。这反映出该类传牌实际上也具有通知或指示的性质。另，因有关人员见及传牌即能知了何事，由此推断，该类"传牌"也可能是纸质的公文。

其四，作为信符的传牌。

在清代的传牌中，还有一种是作为信符使用的传牌。如《清宣宗实录》记载，道光九年（1829）九月乙卯，扎隆阿等奏"酌量添设驻守卡伦弁兵一折"中提到，"喀什噶尔西北边界，共设卡伦八处。……各添满洲兵三名。仍于卡伦相距中间，循照旧设推拨修整，各分派兵丁二

---

① 《清宣宗实录》卷一一五"道光七年三月"，中华书局1986年版，第925页。
② 《清穆宗实录》卷一二五"同治三年十二月下"，中华书局1986年版，第754页。

名，轮流值巡，设立传牌，轮查各卡"①。在道光九年（1829）扎隆阿等建议，在喀什噶尔西北边界的各个卡伦，要增兵把守，且要"设立传牌，轮查各卡"。这里的"传牌"当是巡查各卡伦的军事信符，因其需要"设立"，故推断此类"传牌"或非纸质。

另，《清宣宗实录》还记载，道光十五年（1835）十二月丙寅，容照在其所奏"后龙全局地面酌筹分段环查章程"中建议："拟将内外火地道界，全局分为四大段，制造木牌，编写号头识认，加之印信，逐日发给各段巡兵递送，限定日期扣算，发完后复逐日收回，以此为每日有人巡查之据，其传牌收回，至镇署呈缴挂号。……"②容照提议，将后龙全局地面分作四大段，由巡兵通过传递具有号头、印信的"木牌"加以巡查，且相关牌子需要收回，上缴。显然文中所称"其传牌收回，至镇署呈缴挂号"中的"传牌"，是指巡兵所传之"木牌"。可见，此处的"传牌"是作为军事信符"木牌"的代称。

另外，在清代民间也有使用传牌作为信符的记载，如《三晋石刻大全》中收录的一方咸丰十年（1860）《都山里八庄成规摊派告示碑记》即记载："当思都山一里八庄，凡遇大小公事，理宜按村庄摊派……议定算账之期□□□□日清□账□□代，钱文不许少。议定每凡大事，以传牌为定。牌至人齐，如失者，同议罚。"③此碑载明，凡议定大事，要以"传牌为定"，"牌至人齐"，如有不到者，其他人同受罚。这说明在村庄议事时使用的"传牌"，也具有信符的特征。

因之，由以上又知，在清代使用的传牌中，有一种是作为信符来使用的，且从有关传牌的形制推断，该类传牌似非纸质。

---

① 《清宣宗实录》卷一六〇"道光九年九月"，中华书局1986年版，第476—477页。
② 《清宣宗实录》卷二七五"道光十五年十二月上"，中华书局1986年版，第243—244页。
③ 王丽：《三晋石刻大全·晋城市泽州县卷》，三晋出版社2012年版，第678页。

其次，关于清代传牌制度的渊源

目前学界对于清代传牌制度的来源，还缺乏专门的探讨，为增进对该制度的认识，现对其略加探析。

从现有资料来看，"传牌"二字连用，最早出现于唐代，如在《太白阴经》"夜号更刻篇第五十二"条载："春分，二月中夜转牌，五十一更，传牌十。"① 由此可知，该书中的"传牌"一词，为"所传更漏牌"之义，而宋代相关文献中记载的"传牌"，其含义多与唐同，故以上时代的"传牌"与本书所讨论的"传牌"性质不同，它们并非清代牌制度的来源。与清代传牌制度真正相关者，则是明代的传牌。如《明神宗实录》记载，万历五年（1577）正月乙卯，应天巡抚宋仪望上"所属驿递钱粮节省减编之数"后，兵部做出回应，除了"水手工食""不宜一概滥支"等外，"其经过官员私用传牌者，宜参究数人，以示惩创"。对此意见，万历皇帝做出批示云："朕念小民困苦，屡旨清查驿递，期以除弊安民，乃抚按全不体朕心，背公徇私，牢不可变。近日朝觐官有遣牌驰驿者，若不奉公差得以传牌应付，则勘合俱属无用，清查何益！今姑再行申饬，余如议行。"② 由以上可以看出，至少在明万历五年（1577）之时，在驿站中已开始使用"传牌"。由此可知，这一时期在驿站中使用的"传牌"，或是相关官员乘驿的凭证，或是相关机构为驿站应付乘驿官吏的工食等而下达的"通知"或"指示"类的公文。由此来看，明代传牌的性质及其应用领域，已与此前时代的有所不同，而更接近于清代的传牌。

由上文来看，明代的传牌虽然可能尚未具有传递公文、押送犯人等功能，但其应用领域已与清代传牌非常接近，且明代传牌已有"命令""指示"之类的性质。因之推断，明代的传牌制度当是清代

---

① （唐）李筌：《太白阴经》，文渊阁《四库全书》子部，第726册，台湾商务印书馆2008年版，第199页。

② 《明神宗实录》卷五八"万历五年正月乙卯"，台北："中研院"史语所校印1962年版，第1342—1343页。

传牌制度的直接来源。明代的传牌制度，实际上，也不是凭空出现的。已有的研究表明，明代曾在元代的基础上施行过"信牌"制度，如《大明律》卷三"信牌"条载：

> 凡府州县置立信牌，量地远近，定立程限，随事销缴。违者，一日笞一十，每一日加一等，罪止笞四十。若府州县官，遇有催办事务，不行依律发遣信牌，辄下所属守并者，杖一百。谓如府官不许入州衙，州官不许入县衙，县官不许下乡村之类。其点视桥梁圩岸，驿传递铺，踏勘灾伤，检尸、捕贼、抄札之类，不在此限。①

在继承元代信牌制度的基础上，明代在官府处理公事的过程中，通过信牌对办事人员加以约束，以实现对公事的催办。对于不使用信牌及不依期归还信牌者，明廷还要做出相应的惩罚。在明代，信牌既是对执行公务者的约束举措，同时也是相关官吏外出办理公事的凭证。

显然，明代在驿传等领域使用的"传牌"，具有相关"凭证"的功能，而这一功能，又是"信牌"的根本特征之一。另外，由上文可知，信牌最初也是适用于"驿传递铺"领域的，所以据之推断，在明代驿传领域使用的传牌，有可能是由"信牌"发展、演变而来。

（三）清代传牌的运作流程

传牌的运作程序是传牌制度的核心问题之一，今以早稻田大学所藏传牌为中心，对传牌在驿传中的运作流程试加复原、分析。

第一步，起草传牌。

由早稻田大学所藏传牌可知，这三件传牌均由印刷体与手写体

---

① 怀效锋点校：《大明律》，法律出版社1999年版，第44页。

文字共同构成，而新近在黑龙江档案馆发现的《同治十三年传牌》与之相似。据后者的图版可见，此件也是由印刷体与手写体文字共同构成①，不过此件并非修改自"令牌"，其本身牌首即印刷了"传牌"二字。由以上可知，传牌的起草，往往是在已经印刷有相关文字的"传牌"或其他牌符的基础上进行的。之所以在起草之前已经有了相关空白的牌符，这可能是因为在实际中传牌等牌符的使用量比较大，为规范和方便使用，事先会先印制好相对固定的牌符模板。故传牌的起草，实际上只是在相关模板的基础上进行相关内容的填写而已。

第二步，签发传牌。

由早稻田大学所藏《嘉庆六年传牌》可见，其相对于其他两件传牌有所不同。一方面，没有印章、朱书；另一方面，虽载有年月，但无具体的"日期"，而黑龙江档案馆所藏《同治十三年传牌》则与早稻田大学所藏的其他两件传牌相似。故可进一步推断，《嘉庆六年传牌》当是一件"传牌草稿"，其应属于未发出的传牌。由此也可得见，一件传牌若要在实际中得以使用，还需在起草后履行签发的程序，而钤盖印章、填注日期等，则是其中必要的内容之一。从相关印章来看，《嘉庆八年传牌》《嘉庆二十年传牌》钤盖的是"管理喜峰口路驿站关防"之印，而《同治十三年传牌》所钤者为"镇守宁夏等处将军之关防"之印②。而前两件传牌的发出者，从其第 1 行可知，正是管理喜峰口路等处地方驿传道事务的官员，后一件的发出者，则是"镇守甘肃宁夏等处地方将军"③。由此可知，传牌发出时所钤盖的印章，当系传牌发出机构的"关防"之印，而非其机构之印。之所以要钤盖"关防"之印而非相关机构的印章，从此

---

① 戴丽艳：《同治年间的传牌》，《黑龙江日报》2017 年 5 月 23 日；戴丽艳：《清代档案中的传牌》，《黑龙江档案》2021 年第 4 期。因后文原题即《同治年间的传牌》，且其内容与前文基本一致，故下文仅参考前文，特此说明。
② "关"，原文释作"官"，今据文义改。
③ 戴丽艳：《同治年间的传牌》，《黑龙江日报》2017 年 5 月 23 日。

"关防"二字推断,当是旨在加强防伪的效果。

另外,《嘉庆八年传牌》《嘉庆二十年传牌》《同治十三年传牌》三件钤盖印章的传牌,又均在最后一行用朱笔大字书写了"行"字。该字有"可行""通行"等意,此当是传牌签发机构长官的批示。这反映出,一件传牌在钤盖印章、填注日期等之后,还需由长官再批示可"行"之后,方得生效。同时,由《嘉庆二十年传牌》第10行可知,在相关日期后还有朱书的"发"字。无独有偶,《同治十三年传牌》在其日期的最下方也印刷一"发"字①。由此来看,传牌中所填写的日期,当即"发出"时间。

另外,在上述三件传牌中,除朱笔"行"字外,还有多处朱笔圈划符号,同时,前两件传牌在"须至传牌者"下,均又用朱书"遵"字,而后者则在"须牌"下朱书一"传"字。这些文字与各传牌文末的"行"字笔迹一致,这反映出相关朱书文字均为有关长官所书。该类文字含义不言自明,当旨在向驿站官吏强调,令其遵守"传牌"的要求,并按时限完成相关任务。

第三步,传递传牌并粘贴、填注排单。

当传牌被签发之后,即进入传递环节,而负责传递者,即《嘉庆八年传牌》等所记载的"沿途驿站官吏"等。同时,在传递过程中,并非仅仅是传递传牌,由《嘉庆八年传牌》第8行可知,此传牌还"外计粘接递限单一纸",也即是说,此传牌还粘贴有"限单",此"限单"应指具有时间限定的单据或票据。在传世文献中,该类单据也多有记载,如《清宣宗实录》记载,道光七年(1827)十二月丁丑,兵部奏:"接递扬威将军等限行五百里军报,传牌内注有附报黄布公文口袋一个,缴部火票木匣一个。部中仅收公文口袋,短少火票木匣。"于是调查后发现"传牌黏单系自哈密境内始行填注日时等语"等问题②。这里提到的"黏单"应与上面的"限单"相

---

① 戴丽艳:《同治年间的传牌》,《黑龙江日报》2017年5月23日。
② 《清宣宗实录》卷一三一"道光七年十二月",中华书局1986年版,第1172页。

似，是记录传牌具体到站时间等的单据。有时这种单据又称为"尾单""排单"等，如道光二十七年（1847）八月壬申，兵部要求"台站接递紧要奏折，迟误日时，请旨饬查"，经查后发现，有的"传牌尾单破烂，未注时刻"①。道光二十七年（1847）九月戊戌，兵部又调查此事，复奏："传牌排单破烂，多未注明时刻，均属玩误。"② 故由以上可知，传牌在传递过程中，在传牌后黏贴"限单""黏单""排单"等，且要在相关单据上填注送达日期，是传递者需完成的规定任务。之所以传牌要附带"限单"传递，当是为了落实各站的传递责任，为日后饬查传牌"迟滞"等问题留存证据。如咸丰三年（1853）兵部就要求："嗣后发递奏折传牌，务须填明时刻，以凭查覆。"③ 早稻田大学所藏其他两件传牌虽未直接注明要粘贴"限单"等，但在其传递过程中可能也会与"限单"等配合使用。

目前，在吉林省档案馆恰巧保存有一件完整的清宣统三年（1911）排单，此排单中排列了若干"年 月 日 时 刻 到驿"等文字，且已经填注数行④。传牌所粘贴的"排单"等应与之相似，当传递至某驿站后，相关官吏需详细注明传牌的到站时间。

当然，传牌在传递过程中除与"限单"等一起传递外，其所要传递的相关公文等，也应与之一起递送。

第四步，提交或缴回、销毁。

当完成传递环节之后，一些传牌需上交给投递机构。如道光十八年（1838）十一月二十三日，林则徐的《奉旨前往广东查办海口事件传牌稿》，该传牌在其结尾处载明"右牌仰沿途经过各州县驿站官吏准此"后，又载有"此牌由良乡县传至广东省城，仍缴"

---

① 《清宣宗实录》卷四四六"道光二十七年八月下"，中华书局1986年版，第590页。
② 《清宣宗实录》卷四四七"道光二十七年九月"，中华书局1986年版，第613页。
③ 《清文宗实录》卷一一五"咸丰三年十二月中"，中华书局1986年版，第800页。
④ 武志军、曹阳：《清代吉林公文邮递实寄邮件》，《档案记忆》2017年第8期。

等文字①。此即要求,该传牌由发出之地一直传递至目的地"广东省"后,需上缴。在传递完成后除上缴传牌外,与传牌相关联的排单等也需一并上缴。如前文在道光二十七年(1847)兵部提到的,其收到传牌时发现"传牌尾单破烂,未注时刻"。这反映出,当传牌上缴投递机构时,其所附带的排单等也需一并上缴,以备日后查考。如关于"直省衙门事件限期"一事,康熙二十四年(1685)议准:"凡本章揭帖不论密题并平常事件,俱令原题衙门计程定限发行,揭帖内即注明日期,于日期上钤盖印信以便稽察……所给传牌,亦令经过驿递填注所到起发日时,投递通政司。查明有违限者,将提塘承差交该部治罪。如有作弊事情,从重究拟。"②这里要求,要根据传牌的"所到起发日时",对传牌"违限"传递的"提塘承差"进行治罪。故填注排单的时日在一定程度上起到了对递送者的约束和限制作用,故其与传牌一并上缴也就很有必要。

另外,一些传牌则是在投递完成后,要进行"缴回"。如《嘉庆六年传牌》《嘉庆八年传牌》《嘉庆二十年传牌》均在最后一行印有"定限""日缴"等文字,且《嘉庆二十年传牌》还在"缴"后用朱笔书写了"回"字,且此字与此件中其他朱书笔迹完全一致,由此判断,该字亦当为传牌签发机构的长官所书。故以上反映出,上述传牌需在传递完成后予以"缴回"。通过传世文献来看,一些传牌在传递完成后的确需缴回,如前文顺治十六年(1659)的公文规定,在犯人押解过程中所用的传牌,要"取兵收管送部,仍移咨该抚取具地方官文结并原发传牌缴部察覆"。而光绪十三年(1887)也规定,在犯人押解完成后,要将"原发传牌送部,以凭查覆"。

此外,通过早稻田大学所藏清代传牌来看,一些传牌在使用完成后还存在"销毁"或"注销"的程序。如《嘉庆八年传牌》第

---

① 林则徐全集编辑委员会编:《林则徐全集》,海峡文艺出版社2002年版,第2386页。

② 《钦定大清会典事例》,《续修四库全书》史部·政书类,第799册,上海古籍出版社2002年版,第464页。

10 行在钤盖印章处还墨书一"销"字。该字与其他墨书笔迹不同，且有别于其他朱书文字，故可以推断，该字并非此传牌的起草者所书，也并非传牌的签发者所写。该字书写于文末的日期处，当有"销毁""注销"等意。这说明，该件传牌已完成传递，予以作废。由此可知，当传牌被注明"销毁"之后，其使命才算最终完成。《嘉庆八年传牌》中的"销"字，为认识清代传牌的使用流程，又提供了重要信息。

（四）余论

前文据早稻田大学所藏传牌等对清代传牌制度的相关问题进行了探索，下面再就这些传牌所展现的清代传牌与令牌及其他牌符间的关系等问题，稍加分析。

1. 从早稻田大学所藏传牌看清代的"令牌"

对于清代的令牌，传世文献不乏记载，如《皇朝文献通考》云：顺治二年（1645），"又定，令旗、令牌不加谨收贮以致损朽者，罚俸六月。其因水火盗贼损失者，免议"①。这里将"令牌"与"令旗"并称，且要求对此二者"不加谨收贮以致损朽者"要"罚俸六月"。由此可知，此处所说的"令牌"或为木质，但可以推断其当非纸质。另，《清宣宗实录》还记载，道光六年（1826）十一月甲午，"内务府查出库存备赏银令牌一千面、银奖武牌二万六千余面，当交户部查议具奏。兹据奏请赍发军营作为赏需。着将银令牌一千面、银奖武牌二万六千面，交兵部由驿递交直隶总督，委员迅速解交署陕甘总督转解军营"②。由此可见，内务府中库存的"令牌"，

---

① 《钦定皇朝文献通考》，文渊阁《四库全书》史部，第636册，台湾商务印书馆1986年版，第446页。
② 《清宣宗实录》卷一一○"道光六年十一月下"，中华书局1986年版，第828页。

当为"银质",且其是为奖赏军官所铸。再者,据《连平县文物志》记载,该县曾收藏有清代"令牌"一面,其为长方形,"上端有一用于提拿的铁环",是"清政府用于缉盗、缴饷的示证物"[①]。由此可见,连平县所藏的此清代"令牌",也非纸质,且其并非应用于军事领域的,而是用于基层行政领域。目前,通过已知的文献资料来看,清代令牌的材质等多与以上记载相同。故由此得知,清代的令牌与元明时期的令牌相似,可能多为银质或木质等的牌符。

然而,通过早稻田大学所藏传牌来看,在这几件清代传牌中,有两件直接是以"令牌"原稿为基础进行草拟的,而另外有一件虽是在"火票"的基础上进行的撰写,但此"火票"又是改自"令牌"。故由此可知,清代的"令牌"除具有银质、木质等材质者外,还具有"纸质"者。而此"纸质"令牌的内容,从所载印刷体文字可知,其已与传牌、火票等非常接近。这反映出,清代的"令牌"实则具有双重特性:其一,是在军事、行政领域中用于奖赏或执行公务的银质、木质等材质的牌符;其二,则是一种具有公文性质的纸质牌符。而关于后者,此前并不为学界所知。可以说,早稻田大学所藏传牌补充了传世文献记载的不足,丰富了我们对于清代"令牌"的认识。

2. 从传牌、火票等看清代牌符制度的特点

由前文已知,清代的传牌与纸质的令牌在形制、内容、结构等方面都非常接近。同时,据早稻田大学所藏传牌还知,清代的"火票"亦可借助于"令牌"的内容、架构进行填写,这表明火票之形态、内容等亦与"令牌"比较接近。吉林省档案馆所藏的《将军火票》原件也证实了此点。从此原件来看,该"火票"的形制与早稻田大学所藏清代传牌颇为相似,其结构也分为牌头、正文、结尾等几部分,其边框也由印有花纹的双线框构成。就所载内容而言,其

[①] 《连平县文物志》,连平县博物馆1986年版,第161页。

行文的起首处，先用大字载明发文机构，后述其发文要求。在载明"须票"二字后则为结尾，此结尾共有3行，分别登载："右票仰经过驿站官吏准此""光绪三年三月二十五日给""将军行限到日缴"等文字。此处之"右票仰经过驿站官吏准此""光绪""年""月""日给""将军""限""日缴"等文字均为印刷体，而最后1行的"行"字等为朱书①。总体来看，此件"火票"的格式、登载事项等与《嘉庆八年传牌》等正式传牌非常相近。

另外，通过清代的相关"将军勘票""部票""副都统票""信票""宪牌""宪票"及"信牌"等实物来看②，这些"票""牌"的基本结构、形态、内容等又均与"传牌""火票""令牌"非常接近。由此不难得见，随着牌符制度的进一步发展，清代牌符的应用领域已经非常广泛，且牌符的分工愈发细密，其专业性也越来越强，但牌符间的同质化现象却愈加明显。由此可见，清代的牌符表现出了既统一又多样的特点。清代牌符的这一特点，既使得牌符制度适应了社会发展的多样性需求，同时也为牌符间的相互协调与配合，甚至相互间的再利用提供了便利。

---

① 武志军、曹阳：《清代吉林公文邮递实寄邮件》，《档案记忆》2017年第8期。
② 武志军、曹阳：《清代吉林公文邮递实寄邮件》，《档案记忆》2017年第8期；武志军、曹阳：《清代吉林公文邮递实寄邮件》，《湖北档案》2007年第12期；宋少珍：《河北省国家档案馆清档珍藏——清代信票、宪牌、宪票一览》，《档案天地》2008年第5期；杜翔：《馆藏清代信牌探析》，《首都博物馆论丛》2019年第33期。

六 一件新见晋冀鲁豫
边区契纸考

  晋冀鲁豫边区政府，是1941年7月在原先太北、太岳、冀南、冀鲁豫四个抗日根据地基础上建立的抗日民主政权。其辖149县，21个专员公署，[①] 是中国共产党在华北抗日前线开辟的三大革命根据地之一。由于晋冀鲁豫边区政府是八路军总司令部和中国共产党中央委员会北方局的所在地，所以其便成为抗日战争时期我党我军对日作战的心脏和神经中枢。[②] 目前，学界对于晋冀鲁豫边区政府的政治、经济、文化等诸多方面的问题，已进行了非常深入的研究，而有关该边区"契纸"的发现，为相关经济问题的研究提供了新资料。据李宇先生《晋冀鲁豫边区的契约文书》一文介绍，其新近发现了377件晋冀鲁豫根据地的契约。[③] 该文即是对有关契约进行的说明，而李先生所说的契约，主要是晋冀鲁豫边区政府发行的契纸。除李宇先生发现的有关契纸外，近期笔者有幸通过网络平台得见晋冀鲁豫边区契纸若干张。这些新出的晋冀鲁豫边区的契纸内容非常丰富，对于研究抗战时期的契约制度等问题具有重要的史料价值。因此，笔者拟在李文的基础上，以新发现晋冀鲁豫边区时期的一件

---

  ① 山西大学晋冀鲁豫边区史研究组：《晋冀鲁豫边区史料选编》第一辑，内部资料1980年版，第313页。

  ② 山西大学晋冀鲁豫边区史研究组：《晋冀鲁豫边区史料选编》第一辑，内部资料1980年版，第1页。

  ③ 李宇：《晋冀鲁豫边区的契约文书》，《党史文汇》2015年第3期。

"买契纸"为中心，就该件所反映的晋冀鲁豫边区政府时期的契约制度等有关问题试做探讨。

（一）关于新见晋冀鲁豫边区买契纸的说明

新近在某网络平台得见一件晋冀鲁豫边区"买契纸"，为研究方便，现将其图版及相关录文移录如下：

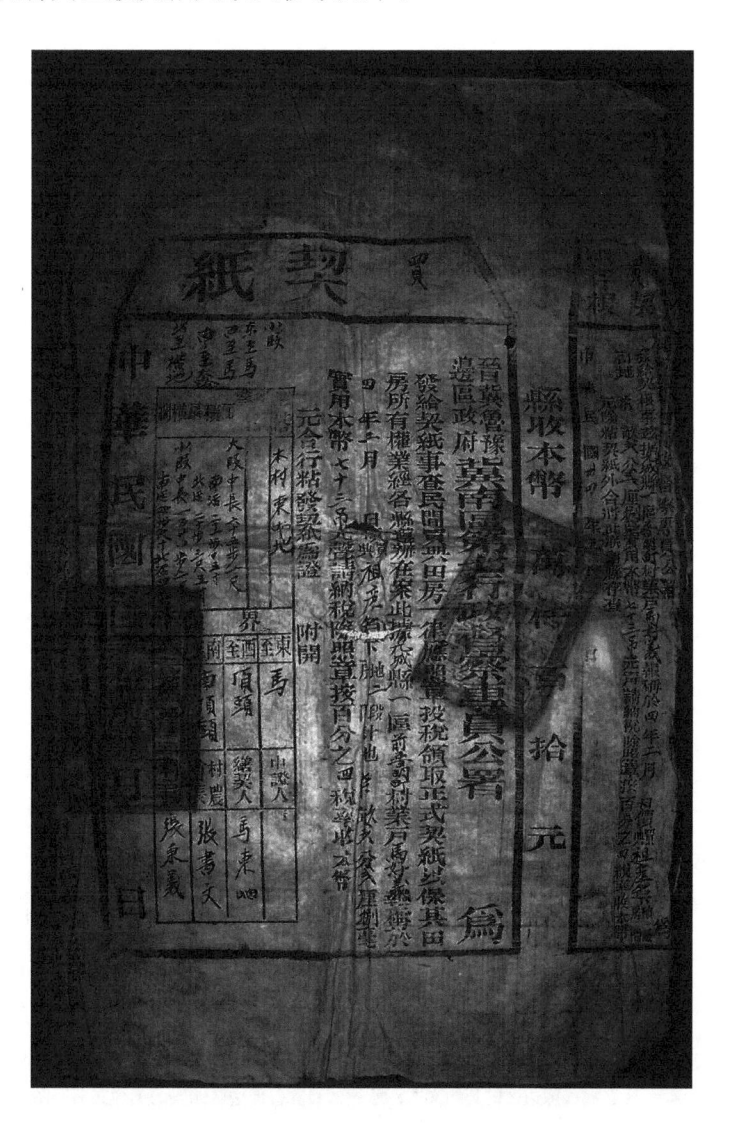

1. **买契**　冀南区第七行政督察专员公署　　　　为
2. 　　　　发给契根事。兹据元城县一区普明町村业户马好
　　　　　义报称，于四年二月　日 买典 价祖产名下 地房 亩间
3. 　　　　计地柒亩式分式厘捌毫。实用本币七十三吊，元
　　　　　声请纳税，除照章按百分之四税率收本币，
4. **纸存根**　元除贴契纸外，合将此联留县存查。
5. 　　　　中华民国卅四年五月。

6. 　　　县收本币　万　千　百　拾　元

----------------------------（朱印）---------------

7. 晋冀鲁豫边区政府 冀南区第七行政督察专员公署　为
8. **买**　给契纸事。查民间买典田房，一律应照章投税，领
　　　取正式契纸以保其田
9. 　　　房所有权。业经各县遵办在案，此据元城县一区前
　　　　普照明町村业户马好义报称，于
10. 　　　四年二月　日 买典 价祖产名下 地房 二段，计地柒亩式分
　　　　式厘捌毫。
11. **契**　实用本币七十三吊，元声请纳税，除照章按百分
　　　之四税率收本币，
12. 　　　　元合行贴发契纸为证。　附开
13. 　　小段
14. 　　东至马
15. 　　西至马
16. **纸** 南至大路
17. 　　北至横地

坐落	本村东南地		东至	马	中证人	
地亩①		界限	西至	顶头	缮契人	马东岫
等级②	大段中长六十五步一尺 南延二十一步〇五寸 北延二十步三尺五寸		南至	南顶头	村农会长	张书文
面积长横阔	小段中长一百廿八步二尺 南延四步〇八寸，北 延四步〇八寸		北至	横地	村长	张秉义

① 据李宇：《晋冀鲁豫边区的契约文书》所载《晋冀鲁豫边区颁发的契约文书》图版补。
② 据李宇：《晋冀鲁豫边区的契约文书》所载《晋冀鲁豫边区颁发的契约文书》图版补。

18.　　　中　华　民　国　　　年　月（朱印）　日

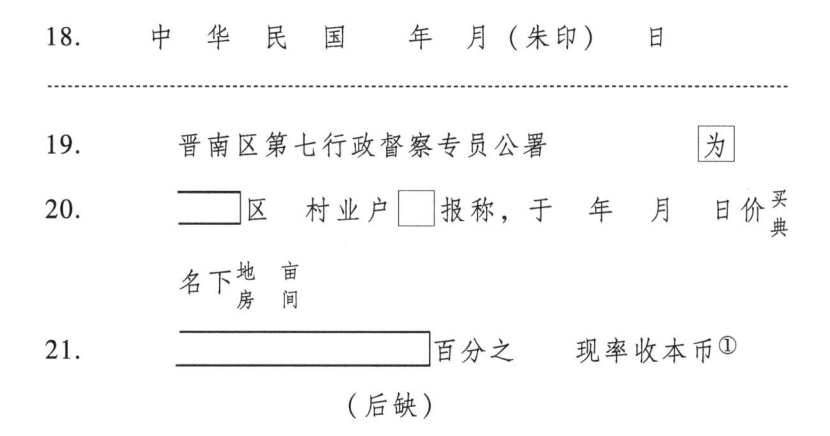

19.　　　晋南区第七行政督察专员公署　　　　[为]

20.　　[　]区　　村业户[　]报称，于　年　月　日价 买/典

　　　名下 地 亩/房 间

21.　　[　　　　　　　　]百分之　现率收本币①

（后缺）

此件上完下残，共存文字 21 行，从文书图版可见，其由三纸构成，各纸之间分别钤盖朱印一枚，文字由印刷体和手写体两种字体共同构成。在李宇先生《晋冀鲁豫边区的契约文书》一文中，曾附《晋冀鲁豫边区颁发的契约文书》图版一张，该图版中的契纸由两纸粘贴而成，其中右侧文书天头处有"契纸"二字，该件"契纸"与本文讨论的此件"契纸"的第二联，行文格式、字体及印刷体文字内容等完全相同。因此，可以确认，本书讨论的此件文书应为一件真品"契纸"。

李宇先生发现，其收录的山西契约中，晋冀鲁豫边区契约文书有两种类型，第一类契约是由边区政府统一印制和发行的"契纸"和"契约纸"构成；第二类是由官方"契纸"和非官方"契约纸"构成②。本书所讨论的该件契纸与李先生发现的有关晋冀鲁豫边区的契约文书稍有不同。该契纸为三联单，其中右侧第一纸为"买契纸存根"，第二纸为"买契纸"，据第 12 行的"发契纸为证"等文字推知，此联应该是交给纳契税之人的。第三纸因残缺名称不详，但通过所存文字看，其应与第一纸内容非常相似。因此，此件中的第三部分也应与一、二联文书内容有关，应是有关同一事项的第三联。

---

① 此件印刷体文字用宋体字，手写文字用楷体字，特此说明。
② 李宇：《晋冀鲁豫边区的契约文书》，《党史文汇》2015 年第 3 期。

由此我们推测，晋冀鲁豫边区的契纸可能是由三联构成，故此件契纸对于认识晋冀鲁豫边区政府契纸的形态具有重要意义。

另外，由此契纸的第 5 行可知，此件契纸的形成时间为中华民国卅四年，也即公元 1945 年，但在文书行文中如第 2 行、第 10 行均作"四"年，此"四"年似为简便而省去了"卅"字。此件契纸的内容，由上文可见，主要是记述了元城县一区前普照明町村业户马好义买典土地二段缴纳税款一事①。由于文中载有契纸名称"买契纸"，故可以推知，马好义之所以缴纳相关税款，是因为购买了有关田产，作为买主，其向晋冀鲁豫边区政府缴纳了相关买契税。

（二）民国、晋冀鲁豫边区契纸制度的继承与变化

我国的契约制度由来已久，早在《周礼》中即有相关契约的记载，如《周礼》卷一五《地官·质人》曰："质人掌成市之货贿，人民、牛马、兵器珍异，凡卖儥者，质剂焉。大市以质，小市以剂。"郑玄注曰："大市，人民、马牛之属，用长券；小市，兵器、珍异之物，用短券。"②张传玺先生说："质剂是买卖契约的名称，这样的质剂也叫作小药剂。"③晋冀鲁豫边区的契纸制度其直接来源，无疑应是民国时期的契纸制度。相对于民国时期的契纸制度，晋冀鲁豫边区的契纸制度既有继承，又有发展，具体如下。

1. 晋冀鲁豫边区契纸制度对民国契纸制度的继承性

（1）晋冀鲁豫边区契纸的三联式，来自民国契纸制度

据《山东现行财政法规统诠》记载，民国时期的买税契纸，"定

---

① 本件契纸中的"买典"二字，与《晋冀鲁豫边区颁发的契约文书》图版所载有关契纸相同，李宇先生释作"卖典"，实误。
② 《周礼注疏》卷一五《地官·质人》，中华书局 1980 年版，第 737 页。
③ 张传玺：《秦汉问题研究》，北京大学出版社 1985 年版，第 141 页。

六 一件新见晋冀鲁豫边区契纸考 　　95

为三联式，由财政厅编制盖印，颁发各县备用。一联留县存查，一联呈给财政厅查核，一联发给业户执业"①。显然，晋冀鲁豫边区买契纸的三联格式，是借鉴自民国时期的买税契纸。同时，据民国买契纸三联的用途推测，本件晋冀鲁豫边区买契纸中残缺的第三联，似应是用于呈报给晋冀鲁豫边区政府查核的部分。

（2）晋冀鲁豫边区买契纸的行文格式，与民国时期的买契纸颇多相似

为便于说明，现将《山东现行财政法规统诠》所载民国时期第二联买契纸式移录如下：

1.　　　　山东省政府财政厅为发给契纸事。查民间价买田房，无论军屯卫灶，一律均应照
2.　　　　契价百分之六纳税，并随收纸价银元五角，注册费银元一角。其有故违定章延不
3.　　　　投税，或减写税价者，一经查觉补税以外，并须照章处罚。历经各县遵办在案。兹据
4. **买**　　　县 乡城集 庄业户
5.　　　　报称，　年　月　日价买　名下，坐落 乡城集 庄 地房
　　　　　一段所，
6. **契**　　　计 地房 间，合地　亩　分　厘　毫，弓步列后。
　　　　　实用价 钱银
7.　　　　合银元　千百　十元角分，应缴六分，税银元
8.　　　　百十元　角　分，并纸价银元五角，注册费

---

① 邵阳、罗介邱：《山东现行财政法规统诠》，济南五三美术印刷社1930年版，第125页。

	一角，请准完税注册粘
9.	发契纸为据。除照价核收税款并注明本县
	字第　号册外，合行发给
10. **纸**	新契纸，收执为据。
11.	计开
12.	中　华　民　国　　年　　月　　日①

该买契纸式，与晋冀鲁豫边区买契纸的第二联有相似之处。如该民国契纸式首行、次行先述某机构"为发给契纸事"，然后再说"查民间价买田房"者均需纳税，晋冀鲁豫边区买契纸与之相似，只是将相关机构名称更换，将"买田房"变为了"买典田房"，等等。另外，该民国契纸式末尾之第9、10、11行作"发给/新契纸，收执为据。/计开"，晋冀鲁豫边区买契纸所作"合行贴发契纸为证。/附开"与之亦类似。另外，民国契纸式载有契纸名称"买契纸"，最后一行有时间"中华民国年月日"等，这些内容与晋冀鲁豫边区买契纸则完全相同。

由以上可以发现，晋冀鲁豫边区买契纸的格式、内容等，实际上是直接脱胎于民国买契纸。民国契纸制度是晋冀鲁豫边区契纸制度的直接来源。

2. 晋冀鲁豫边区契纸制度相对于民国契纸制度又发生了许多变化

（1）民国契纸中的一些内容，在晋冀鲁豫边区契纸中消失

如民国买契纸式中载明，在收取契税外，还需缴纳"纸价银元五角，注册费银元一角"，而在晋冀鲁豫边区契纸中这两项税款的名目消失。再如，民国买契纸式中规定，凡"投税，或减写税价者，一经查觉补税以外，并须照章处罚"。但这一规定在晋冀鲁豫边区契

---

① 邵阳、罗介邱：《山东现行财政法规统诠》，济南五三美术印刷社1930年版，第128页。

纸中也消失了。这反映出民国时期的契税缴纳强制性要高于晋冀鲁豫边区政府时期。

（2）晋冀鲁豫边区契纸中增加了一些民国契纸中所没有的内容

如李宇先生指出的，晋冀鲁豫边区契纸中增加了"附开"一栏，"买卖双方通过填写'附开'，使得房地买卖信息的表述更为具体和完整。这在一定程度上避免了买卖双方由于表述不清而引发纠纷的问题，也说明了边区政府开始注重用制式化的合同文本来保障买卖双方的合法利益，即契约文书开始规范化、正规化"①。

（3）晋冀鲁豫边区契纸改变了民国契纸中相同内容的书写方式

如民国契纸中的"买契纸"三字，为印刷体，但在晋冀鲁豫边区契纸中"买"字却为手写体。另外，《晋冀鲁豫边区的契约文书》一文中还载有一张《晋冀鲁豫边区重新认定的契约文书》图版，该件契纸中载明为"红契纸"，其中"红"字为另笔书写，而此件契纸的印刷体内容与晋冀鲁豫边区的买契纸完全相同。另外，笔者还在网络平台上还发了相关晋冀鲁豫边区的"补契纸"等，而"补"字也是另笔添加的，非印刷体。这说明，晋冀鲁豫边区的契纸，其"契纸"前的一字原本空缺，而所空之字，会根据契纸的实际用途来进行填写。这一点与民国时期的"买契纸"除作为买契税的证明材料外，不能用于其他用途明显不同。

另外，在民国时期的买契纸中，契税的数额"百分之六"也是印刷体，但在晋冀鲁豫边区买契纸中，契税的数额却为手写体，如本文探讨的此件中"百分之四"的"四"字。以上晋冀鲁豫边区契纸对民国契纸相同内容书写方式的改变反映出，晋冀鲁豫边区的契纸制度以及税收政策的灵活性。同时，据《抗日战争时期晋冀鲁豫边区财政经济史》记载，晋冀鲁豫边区政府成立后于1942年3月制定了《晋冀鲁豫边区田房契税办法》，其中买契税，按契价征收

---

① 李宇：《晋冀鲁豫边区的契约文书》，《党史文汇》2015年第3期。

8%，后来在执行过程中，又将买契税降至 4%①。本书讨论的此件买契纸所载时间为 1945 年，而其所记载的契税比例为 4%，这一记载也印证了晋冀鲁豫边区有关契税政策的变化与执行情况。

（三）余论：晋冀鲁豫边区契纸反映的其他问题

本文讨论的此件晋冀鲁豫边区契纸还反映出当时的其他一些问题，这些问题也值得关注，今即对此略加探析。

其一，晋冀鲁豫边区政府时期，在契税的征收过程中，基层组织的管理者扮演了非常重要的角色。

晋冀鲁豫边区契纸的"附开"栏用表格的形式，记载了相关契约涉及的地产大小、方位、四至等信息，也记载了参与契约制定的有关人员，如"中证人""缮契人""村农会长""村长"等。"中证人"，应为契约缔约时的证明人，然而，不仅本书讨论的此件晋冀鲁豫边区买契纸中"中证人"空缺，而《晋冀鲁豫边区的契约文书》一文所载的有关契纸中也有空缺的情况。然而，除了此人空缺外，其他三类人在各件晋冀鲁豫边区买契纸中却均进行了填写。如此可以发现，在晋冀鲁豫边区契纸的开具过程中，"中证人"的重要性最低，该类人即使出现空缺，也不影响契纸的法律效力。"缮契人"，即契纸的撰写人。"村农会长"，则是农村基层组织"农会"的领导者，有的晋冀鲁豫边区契纸中或作"村农会主任"等。"在中国革命历史上，农会曾经是中国共产党最为重视的群众组织，也是中国共产党局部执政的根据地里最为活跃的群众组织。"②"村农会长"或"村农会主任"参与了晋冀鲁豫边区契纸的发放过程，这反映出中国共产党领导的农会组织在晋冀鲁豫边区抗日根据地中的

---

① 赵秀山：《抗日战争时期晋冀鲁豫边区财政经济史》，中国财政经济出版社 1995 年版，第 306—307 页。

② 郭圣福：《中国革命和建设时期的农会》，《天府新论》2007 年第 6 期。

重要地位。另外,"村长"出现在契纸中,则反映出晋冀鲁豫边区在契税征收过程中,也非常注意发挥基层政权组织的作用。

总之,在晋冀鲁豫边区契税的征收过程中,证明人的地位在弱化,而基层群众组织、政权组织的重要性却在提升。这反映出,晋冀鲁豫边区政府在契税征收过程中出现了重视发挥群众和基层政权力量的新特点。

其二,关于"冀南区第七行政督察专员公署"。

此件晋冀鲁豫边区契纸的发行机构署名为"冀南区第七行政督察专员公署"。"行政督察专员公署"制度最初由国民党创立,中国共产党借鉴了这一制度,在抗日根据地加以施行,成为中国共产党在抗日根据地政权建设中推行的一项重要的地方制度改革。① 据《晋冀鲁豫边区史》记载,冀南区共设 5 个专区(即"行政督察专员公署"——笔者),43 县,一个直辖市。其中,"一专区辖元城、冠县、武训(唐邑)、临清、清平、邱县、馆陶、莘县等 8 县"②。另外,据 1942 年《解放日报》介绍,冀南区辖 49 县,设 6 个专属(即"行政督察专员公署"——笔者),其中第一专署,有"大名、成安、魏县、元城、临漳、漳河"6 县。③ 以上关于冀南区所设专署的记载出入较大,但无论哪一项记载,都没有说明冀南区曾经设置过 7 个专署。本书讨论的此件契纸,所涉及的地域"元城县",在上述记载中却是相同的,即"元城县"属于冀南区第一专署。但本书所讨论的晋冀鲁豫边区契纸以及《晋冀鲁豫边区的契约文书》中却均记载了"冀南区第七行政督察专员公署"这一机构,由此可知,该专区的存在,是毋庸置疑的。所以说,晋冀鲁豫边区相关契纸对于冀南区相关专员公署设置情况的记载,具有重要的补史价值。革命根据地由于对敌斗争形势的发展,往往处于不断地调整和变化之

---

① 翁有为:《抗日根据地政权建设中的重要地方制度:行政督察专员制度》,《中共党史研究》2004 年第 2 期。
② 齐武:《晋冀鲁豫边区史》,当代中国出版社 1995 年版,第 10 页。
③ 《解放日报》1942 年 3 月 23 日第 3 版。

中，如《晋冀鲁豫边区史》记载，冀南区在1938年成立时，全区有6个专属区，51县。1940年将部分辖区划给山东根据地，又一部分划归冀中区，而此后的1943年、1944年、1945年都进行过较大的调整。[①] 因此，在不断变化中的冀南革命根据地中曾经设置过"冀南区第七行政督察专员公署"，是完全有可能的。此件契纸成为该"专员公署"确曾设置过的重要实证资料。

---

① 齐武：《晋冀鲁豫边区史》，当代中国出版社1995年版，第5页。

整理篇

关于新出滨州契约文书的整理

一　整理篇凡例

（一）此次文书整理释录的范围，主要包括在山东滨州地区新发现的契约文书。整理根据文书的归户性原件，将其分为新出滨州付氏契约文书、新出滨州苏氏契约文书分别进行。在对上述两类文书整理时，均按照时间先后顺序，依次进行。

（二）对每件文书进行编号。编号内容包括文书的所在机构名称、所属家族名称、文书序号等，如新见滨州付氏契约文书第1件作：BZ·FS：001，其中"BZ"为"滨州市"之简称，"FS"为"付氏"之简称，"001"表示此件为该批文书的第1件。新见滨州苏氏契约文书第1件作：BZ·SS：001，其编号含义与前文文书相似。

（三）整理内容，包括：定名、题解、录文、校注等多项内容。整理涉及的相关内容，是在借鉴敦煌吐鲁番文书成功整理经验的基础上确定。其中定名是根据文书的内容、时代、性质等对其拟定的相关名称；题解则是对相关文书的物理状态、文字状况（文字行数、字体大小、墨色浓淡等）、残损情况、钤印情况，文书涉及的主要内容（包括文书性质判定、内容说明等）、时代等的说明；录文则以反映文书原始信息为首要原则，严格按照文书图版格式对文书进行的释录，同时，用阿拉伯数字标示行号，并对录文进行句读、标点；校注则是对文书中原书写错误之处以及文书中的误字、别字、印章等进行的说明。校注采用页下注的方式进行。

（四）原件残缺，依据残缺位置用"（前缺）""（后缺）"等表示。关于缺字符号：缺一字用"□"，中缺数字，且可确定缺几字者，用多个"□"表示。中缺数字，但无法确定缺几字者，用长框"▭"，上缺用"▬▬▬▭"，下缺用"▭▬▬▬"表示，框的长短，需结合所缺文字的多少而定。

（五）缺字一般不补，原文文字残损，但能根据残笔画和上下文可推知为某字者，径补并加框，无法拟补者，从缺字例；字迹模糊，无法辨识者，用"□"表示。

（六）原件中的俗体字、异体字照录。

（七）原件中的笔误照录，原件中的印章、签押等在文中加括号注明，并出校说明。

（八）除每件文书定名及字体特殊者外，其他文字均五号宋体。其中文书中有印刷体与手写体多种字体者，印刷体用宋体字，手写体用楷体字。除录文中特殊者外，其他文字均使用通行的简体字。

二　文书整理

（一）新出滨州付氏契约文书整理

1. BZ·FS：001 清乾隆五十九年（1794）十月十二日王其义卖地契（附乾隆五十九年契尾等）

【题解】

此件系滨州付氏契约文书之一，今将其编号为BZ·FS：001，其由三纸粘连而成，共存文字42行，其中第一纸首尾完整，上下俱全，共存文字7行；第二纸首尾完整，上下俱全，有边栏，共存文字18行，相关文字由印刷体与手写体共同构成，第8行、第24行下残，另有数行中残；第三纸首全尾缺，上下俱全，有边栏及丝栏，共存文字17行，第42行虽存文字残笔，但其内容已不可释，相关文字亦由印刷体与手写体共同构成。另外，第一、二纸粘连处钤盖方形朱印一枚，其印文为"滨州之印"；第二、三纸粘连处钤盖方形朱印两枚，其中上部一枚印文不明，下部所钤朱印印文亦为"滨州之印"，第41行后又钤盖朱印三枚，其中最上部为方形朱印，其印文与第二、三纸粘连处最上部所钤印章相同，中部为长方形朱印，这两枚印章印文不明，下部为方形朱印，此印章残缺，但据残印文推测，其或为"滨州之印"。

由文书所载内容可知，其第一纸当系一卖地契，立契人为"王其义",买主为"付治公",立契时间为"乾隆五十九年十月十二日",第二纸为"奉宪颁发田地卖契",该契是立契人"王其义"与买主"付治公"因田土交易"赴本县投税"后签订的官契。第三纸系乾隆五十九年立契人"王其义"与买主"付治公"买卖田地的"契尾"。以上三纸文书展现了"王其义"与"付治公"在乾隆年间田土买卖及纳税等情况。

【录文】

1. 立文契人王其义,同伯兄其文因无钱使用,将河东南北

2. 地一段,计地肆亩肆分零⬜毛:上地一亩;中地三亩四分零⬜毛。东

3. 至刘起修,西至韩花,南至刘（其义明顺）,北至（东边刘明智 西边顶道）,四至分明。今凭中

4. 人说妥,情愿卖于付治公永远耕种为业。言定价钱一百五千

5. 七百整,其钱⬜日交足无欠。恐后无评①,立契为证。

6. 　　　　　　　　　　　中人　付治礼

7. 乾隆五十九年十月十二日　　　　　立

-------------------------（朱印②）-------------------------

8. 立绝卖文契王其义系⬜⬜⬜⬜⬜⬜,情愿凭中将自⬜⬜⬜⬜⬜

9. **奉**　户内承粮地　顷四亩四分⬜⬜八毫　丝,出卖与付治公名下永远管业。三面议

---

① "评",据文义该字当系"凭"之误。
② 此朱印印文为"滨州之印"。

二　文书整理　　107

10.　　　定每亩价银　两　钱　分　□，共价银○百伍拾弍两
　　　　　玖钱　分，其银当日收足。自

11. 宪　卖之后，任凭业主永远承粮管业，并□□□□弟子侄
　　　　　告找告赎情事。恐后无凭，立此存照。

12.　　　　地　顷　亩　分　厘　毫，　东至　南至　西至　北至

13. 颁　　　坐落　　　土名

14.　　　　原户　今收入　户内承纳　钱粮，起计完粮银　两
　　　　　钱　分　厘。

15. 发　　　　　　　　　　漕米　石　斗　升　合。

16.　　　乾隆　年　月　□　立契　见中　代书

17. 田　　　条款列后：

18.　　　一、契内填注数目，俱用大写，不得□□书小字，以
　　　　　及添注涂抹，致启日后争端。

19. 地　一、契内数目，有不用填注之处，俱□□□□□□
　　　　　□□，亦不得全行涂黑，致滋借端添

20.　　　等敝之事。

21. 卖　一、凡议定价值立契之后，协同原主、中人□□该地
　　　　　丈量亩分确数，果与契载相符，并查明四至，坐落土

22.　　　名，然后凭中画押交价。如有不遵，　　　以致错
　　　　　误，事后控争者，一概不准。

23. 契　一、成交后即赴本县投税，如有藏匿　　　原契，将银
　　　　　数改少，另立假契，希图贱税者，查出将未税

24.　　　契价，照例一半入官。该县

25.　　　胥役借□需索，致干查究。

---------------------------（朱印①）---------------------------

26. 　　　山东等处承宣布政使司为遵（朱印）

27. 　　　旨议奏事。乾隆十四年十二月二十二日奉准

28. 　　　户部咨开，河南布政使富　条奏：民间买卖田产，经
　　　　　收税银，将契尾粘连用印存贮，申送府州藩司查验，
　　　　　无庸议。至于贪吏以大报小，奸民争执讦讼，实缘

29. 　　　法久弊生，不可不量为变通。臣等酌议：请嗣后布政
　　　　　司颁发给民契尾格式，编列号数。前半幅照常细书业
　　　　　户 等姓名 、买卖田房数目、价银、税银

30. 　　　若干。后半幅空白处预钤司印，以备投税时将契价税
　　　　　银数目大字填写，钤印之处，令业户看明，当面骑字
　　　　　截开，前幅给业户收执，后幅同季册汇送

31. 契　　布政司查核。此系一行笔迹，平分为二，大小数目委
　　　　　难改换。其从前州县，布政司备查，各契尾应行停止，
　　　　　以省繁文，庶契尾无停搁之虞，而契价无参差之弊，
　　　　　于民无

32. 　　　累，于税无亏，侵触可杜而争讼可息矣。又于乾隆三
　　　　　十一年八月　　　日奉准

33. 　　　户部咨开，直隶按察使裴　条奏：嗣后州县给发契尾，
　　　　　如 田房 契价在千两以下者，□数□多应仍照旧办理，
　　　　　无庸申送道、府查验，其契价在千两以上者，应如
　　　　　该按

34. 字号　察使所议，令各该州县将所填契尾粘连业户原契，按
　　　　　月申送道、府、直隶州查验，直隶州则申送该□□员
　　　　　查验相符，即将契尾截裁两半，仍定限十日发还州县，
　　　　　一给

① 此朱印印文为"滨州之印"。

35. 业户收执，一存俟汇送藩司稽核，并令☐申送而道、府、直隶州，逾限不给，以及查验不力，仍有私改侵吞情弊，自应分别处分。如州县不按月申送查

36. 验及道、府、直隶州违逾定限不行给还，查明至十日以上者，罚俸六个月；二十日以上者，罚俸一年；一月以上者，降一级留任。或道、府、直隶州已按期给发，该州县不即给业户收

37. 执，亦照此例议处。仍令道、府、直隶州及各州县于契尾上☐☐☐☐以备查核，须至契尾者。

38. **尾** 　　　计开

39. 山东　府州／县业户付治公乾隆五十九年十月十二日

　　买　用价银伍拾式两捌钱　王其义　地四〇四分　坐落
　　　　纳税银　　　　　　　　　　　　房　八　毛

40. 布字　☐☐　七十二　号，　右给业户　准此

41. 乾隆 年 月（朱印）日右契　．年月日投税，连同粘用契尾 月日呈验，月日到本查验相符，骑字 截开 ，于 月日发回，月日到，☐于月日☐．
☐☐月日粘前幅发给☐☐契根存候　汇缴

　　　　（朱印）

42. ☐☐☐☐☐ 五拾 ☐☐ 捌钱 ☐☐☐ 五钱 ☐（朱印①）
　　分肆厘

　　　　（后缺）

---

① 此朱印印文为"滨州之印"。

2. BZ·FS：002 清嘉庆五年（1800）九月初八日刘治和卖地契（附嘉庆年间契尾等）

【题解】

此件系滨州付氏契约文书之一，今将其编号为 BZ·FS：002，其由三纸黏连而成，共存文字 43 行，其中第一纸首尾完整，上下俱全，共存文字 7 行；第二纸首尾完整，上残下完，有边栏，共存文字 19 行，第 8 行、第 25 行下残，另有数行中残，相关文字由印刷体与手写体共同构成；第三纸首全尾缺，上下俱全，有边栏及丝栏，共存文字 17 行，第 43 行虽存文字残笔，但其内容已不可释，相关文字亦由印刷体与手写体共同构成。另外，第一、二纸粘连处钤盖方形朱印一枚，其印文为"滨州之印"，第二、三纸粘连处钤盖方形朱印两枚，其中上部一枚其右半被第二纸裱压，其印文不明，下部所钤印章印文亦为"滨州之印"，第三纸后部又钤盖朱印二枚，其印文不明。

由文书所载内容可知，此件第一纸当系一件卖地契，立契人为"刘治和"，买主为"付周"，立契时间为"嘉庆五年九月初八日"，第二纸为"奉□□发田地卖契"，是立契人"刘治和"与买主"付周"因田土交易"赴本县投税"后签订的官契。第三纸系嘉庆时期立契人"刘治和"与买主"付周"买卖田地的"契尾"。以上三纸文书展现了"刘治和"与"付周"在嘉庆年间田土买卖及纳税等相关情况。

【录文】

1.　　立文契人刘治和，同祖母因乏用，情愿将家东东西地壹段，计地式亩五

2.　　分零式毛。凭中人刘进宝说合，卖于付周永远为业。

二　文书整理　111

言明价钱肆拾①

3. 柒千伍百文，当日交足，以此为证。

4. 　　　四至计开　　　东至道　　西至刘秉富
　　　　　　　　　　　　南至刘立成　北至刘桐

5. 　　　中人　刘进宝

6. 付长吉收中二钱五分二毛。刘立廷准

7. **嘉庆五年九月初八日　　立**

-------------------------（朱印②）-------------------------

8. 立绝卖文契刘治和系▢▢▢▢▢▢▢▢▢▢▢▢

9. 户内承粮地　顷二亩五分〇厘二毫　丝，出卖于付周名下永远管业，三面

10. 奉 议定每亩价银　两　钱　分　厘，共价银 百式拾叁两 柒钱伍分，其银当日收足，自

11. 卖之后，任凭业主永远承粮 管业 ，▢▢▢赎情事。恐后无凭，立此存照。

12. ▢　　　计开

13. 地　顷　亩　分　厘　毫。东至　南至　西至　北至

14. 坐落　土▢

15. ▢　原户　今收入　户内承纳　钱粮，起计完粮银　两　钱　分　厘。

16. 　　　　　　　　　漕米　石　斗　升　合。

17. 发　五年九月初八　日　绝卖契　见中　代书

18. 条款列后：

19. 田　一、契内填注数目，俱▢▢写，不得随手书小字，以

---

① "拾"，据文义该字有误。
② 此朱印印文为"滨州之印"。

及添注涂抹，致启日后争端。

20. 地　一、契内数目，有不用填注之处，俱打圈填实，不得擅留空白，亦不得全行涂黑，致滋借端添改等弊

21. 卖　之事。

22. 　　一、凡议定价值，立契之后，协同原主、中人前往该地丈量亩分确数，果与契载相符，并查明四至，坐落☐

23. 契　名，然后凭中画押交价。如有不遵，草率成交，以致☐一概不准。

24. 　　一、成交后☐☐本县投税。如有藏☐☐将银数改少，另立假契，希图☐税者，查出将未税契价，☐

25. 　　例一半入官。该县查☐

26. 　　致于查究。

------------------------（朱印①）------------------------

27. 　　山东等处承宣布政使司为遵（朱印）

28. 　　旨议奏事。乾隆十四年十二月二十二日奉准

29. 　　户部咨开，河南布政使富　条奏：民间买卖田产，经收税银，将契尾粘连用印存贮，申送府州藩司查验，无庸议。至于贪吏以大报小，奸民争执评讼，实缘

30. 　　法久弊生，不可不量为变通。臣等酌议：请嗣后布政司颁发给民契尾格式，编列号数。前半幅照常细书业户等姓名、买卖田房数目、价银、税银

31. 　　若干，后半幅空白处预钤司印，以备投税时将契价税银数目大字填写，钤印之处，令业户看明，当面骑字剪开，前幅给业户收执，后幅同季册汇送

---

① 此朱印印文为"滨州之印"。

二 文书整理

32. **契** 布政司查核。此系一行笔迹，平分为二，大小数目委难改换。其从前州县，布政司备查，各契尾应行停止，以省繁文，庶契尾无停搁之虞，而契价无参差之弊，于民无

33. 累，于税无亏，侵触可杜而争讼可息矣。又于乾隆三十一年八月十六日奉准

34. 户部咨开，直隶按察使裴　条奏：嗣后州县给发契尾，如田房契价在千两以下者，为数 无 多应仍照旧办理，无庸申送道、府查验，其契价在千两以上者，应如该按

35. **字号** 察使所议，令各该州县将所填契尾粘连业户原契，按月申送道、府、直隶州查验，直隶州则申送该管道员查验相符，即将契尾截裁两半，仍定限十日发还州县，一给

36. 业户收执，一存俟汇送藩司稽核，并令□□访□□申送而道、府、直隶州逾限不给，以及查验不力，仍有私改侵吞情弊，自应分别处分。如州县不按月申送查

37. 验及道、府、直隶州违逾定限不行给还，查明至十日以上者，罚俸六个月；二十日以上者，罚俸一年；一月以上者降一级留任。或道、府、直隶州已按期给发，该州县不即给业户收

38. 执，亦照此例议处。仍令道、府、直隶州及各州县于契尾上注明 呈验 ，并给发月日，以备查核。须至契尾者。

39. **尾** 　　　计开

40. 山东府$_县^州$业户付周□年□月初八 　用价银
纳税银

式拾叁两柒钱伍分　　　　　　中地二亩五分
　　　　　　　　　日买刘治和　　　　　　坐落
柒钱壹分叁厘　　　　　　　　　房　　二毛

41.　布字　一千（朱印）四百五十四号，右给业户
　　　准此

42. 嘉庆　年　月　日右契　嘉庆 年 月 日☐契尾 月 日呈验　.
　　　　　　　　　　　　　☐日发☐月 日到
　　　　　　　　　　　　　☐契根存候 汇缴

　　　　　　　　　　（朱印）

43.　☐

　　　　　　　　　　（后缺）

3. BZ·FS：003 清嘉庆八年（1803）十月十三日刘桐卖地契（附嘉庆年间契尾等）

【题解】

此件系滨州付氏契约文书之一，今将其编号为 BZ·FS：003，其由三纸粘连而成，共存文字 42 行，其中第一纸首尾完整，上下俱全，共存文字 7 行；第二纸首尾完整，上下俱全，有边栏，共存文字 18 行，第 8 行中残，第 25 行虽存文字残笔，但其内容已不可释，相关文字由印刷体与手写体共同构成；第三纸首全尾缺，上下俱全，有边栏及丝栏，共存文字 17 行，第 42 行虽存文字残笔，但其内容已不可释，相关文字亦由印刷体与手写体共同构成。另外，第一、二纸粘连处钤盖方形朱印一枚，其印文为"滨州之印"，第二、三纸粘连处钤盖方形朱印两枚，其中上部一枚的右半被第二纸裱压，其印文不明，下部所钤印章印文为"滨州之印"，第三纸第 39 行后又钤盖朱印三枚，其中最上部为方形朱印，其印文与第二、三纸粘连

二　文书整理　　115

处最上部印章相同，可辨识者为第一字"山"字，中部为长方形朱印，下部为方形朱印，其中下部印章残缺，可辨识的印文为"滨州"，据前文印章推断，此印章印文亦当为"滨州之印"。

由文书所载内容可知，此件第一纸当系一卖地契，立契人为"刘桐"，买主为"付周"，立契时间为"嘉庆八年十月十三日"。第二纸为"奉宪颁发田地卖契"，是立契人"刘桐"与买主"付周"因田土交易"赴本县投税"后签订的官契。第三纸系嘉庆时期立契人"刘桐"与买主"付周"买卖田地的"契尾"。以上三纸文书展现了"刘桐"与"付周"在嘉庆年间田土买卖及纳税等相关情况。

【录文】

1. 立文契人刘桐，因无钱使用，将自己家东东西地一段，
2. 计地二亩令①六厘，其地东至大道，西至卖主，南至买主，
3. 北至刘立成，四至分明。凭中说妥，情愿卖于付周
4. 永远为业。言定价银十两，当日交足不欠。恐后无
5. 凭，立契为证。
6. 　　　　　中人　付治松
　　　　　　　　　王善义

7. 嘉庆八年十月十三日　　　　　　　立

-------------------------（朱印②）-------------------------

8. 立绝卖文契刘桐系☐☐☐☐人，☐☐乏用，☐☐将自己
9. **奉**　户内承粮地　顷二亩令六厘　毫　丝，出卖与付周名下永远管业，三面议定

---

① "令"，据文义该字当作"零"，以下同此，不另说明。
② 此朱印印文为"滨州之印"。

10. 每亩价银　两　钱　分　厘，共价银　百拾　两　钱　分。其银当日收足，自

11. **宪** 卖之后，任凭业主永远承粮管业，并无伯叔兄弟子侄告找告赎情事。恐后无凭，立此存照。

12. 　　地　顷　亩　分　厘　毫。东至　南至　西至　北至

13. **颁** 　坐落　　土名

14. 原户　今收入　户内承纳　钱粮，起计完粮银　两　钱　分　厘。

15. **发** 　　　　　　漕米　石　斗　升　合。

16. 　八年十月十三日　绝卖契　　　见中　　　代书

17. **田** 　条款列后：

18. 一、契内填注数目，俱用大写，不得随手书小字，以及添注涂抹，致启日后争端。

19. **地** 一、契内数目，有不同填注之处，俱□□填实，不得擅留空白，亦不得全行涂黑，致滋借端添改

20. 　等敝之事。

21. **卖** 一、凡议定价值立契之后，协同原主、中人前往该地丈量亩分确数，果与契载相符，并查明四至，坐落土

22. 名，然后凭中画押交价。如有不遵，草率成交，以致错误，事后控争者，一概不准。

23. **契** 一、成交后，即赴本县投税。如有藏匿原契，将银数改少，另立假契，希图贱税者，查出将未税

24. 契价，照例一半入官。该县查对契内，无添改空抹等事，立即粘连契尾，钤印截给，不得□

25. 　　_____

---------------------------（朱印①）---------------------------

26. 山东等处承宣布政使司为遵（朱印）
27. 旨议奏事。乾隆十四年十二月二十二日奉准
28. 户部咨开，河南布政使富　　条奏：民间买卖田产，经收税银，将契尾粘连用印存贮，申送府州藩司查验，无庸议。至于贪吏以大报小，奸民争执讦讼，实缘
29. 法久弊生，不可不量为变通。臣等酌议：请嗣后布政司颁发给民契尾格式，编列号数。前半幅照常细书业户等姓名、买卖田房数目、价银、税银
30. 若干，后半幅空白处预钤司印，以备投税时将契价税银数目大字填写，钤印之处，令业户看明，当面骑字剪开，前幅给业户收执，后幅同季册汇送
31. **契** 布政司查核。此系一行笔迹，平分为二，大小数目委难改换。其从前州县，布政司备查，各契尾应行停止，以省繁文，庶契尾无停搁之虞，而契价无参差之弊，于民无
32. 累，于税无亏，侵触可杜而争讼可息矣。又于乾隆三十一年八月二十六日奉准
33. 户部咨开，直隶按察使裴　　条奏：嗣后州县给发契尾，如田房契价在千两以下者，为数无多应仍照旧办理，无庸申送道、府查验，其契价在千两以上者，应如该按
34. **字号** 察使所议，令各该州县将所填契尾粘连业户原契，按月申送道、府、直隶州查验，直隶州则申送该管道员查验相符，即将契尾截裁两半，仍定限十日发还州县，一给

---
① 此朱印印文为"滨州之印"。

35. 业户收执，一存俟汇送藩司稽核，并令该督抚随时查访。倘州县申送，而直隶州逾限不给，以及查验不力，仍有私改侵吞情弊，自应分别处分。如州县不按月申送查

36. 验及道、府、直隶州违逾定限不行给还，查明至十日以上者，罚俸六个月；二十日以上者，罚俸一年；一月以上者降一级留任。或道、府、直隶州已按期给发，该州县不即给业户收

37. 执，亦照此例议处。仍令道、府、直隶州及各州县于契尾上注明呈验，并给发月日，以备查核。须至契尾者。

38. **尾**　　　　　计开

39. 山东府^{州县}业户付周嘉庆八年十月十三　日买刘桐

地□□□　坐落　用价银　拾两
房　　　　　　　纳粮银

40. 　布字　五千　六百（朱印）号，右给业户准此

41. 　嘉庆 年 月（朱印）日右契　　于嘉庆　年　月　日投税，连同粘用契尾　月　日□　月　日到 本 　于　月日发回，　月日到本于□□汇缴

（朱印①）

42. ▭

（后缺）

---

① 此朱印印文当为"滨州之印"。

4. BZ·FS:004 清同治十年（1871）二月廿四日韩光远卖地契

【题解】

此件系滨州付氏契约文书之一，今将其编号为 BZ·FS：004，其首尾完整，上下俱全，共存文字 6 行。此件系一卖地白契，立契人为"韩光远"，买主为"付文忠"。又，据第 6 行可见，此件的形成时间为"同治十年二月廿四日"。

【录文】

1. 立文契人韩光远，因无钱使用，将家东南北地一段，计地一亩五分七厘，
2. 其地四至：东至于天保，西至韩起，南至大道，北至卖主，四至分明。
3. 今凭中人说妥，情愿卖于付文忠永远为业。言定价钱捌拾三吊 整，
4. 其钱当日交足，分文不欠。恐后无评，立文契为证。

5. 　　　　　　中人刘 王天荣
　　　　　　　　　　奎梓
　　　　　　　　　　学仁

6. 同治十年二月廿四　日　　　　　　立

5. BZ·FS:005 清同治十年（1871）二月廿四日韩光远卖地契（附民国十五年买税契）

【题解】

此件系滨州付氏契约文书之一，今将其编号为 BZ·FS：005，

其由两纸黏连而成，共存文字25行，其中第一纸首缺尾完，上下俱全，有花纹边栏，共存文字19行，相关文字由印刷体与手写体共同构成；第二纸首尾完整，上下俱全，共存文字6行。另外，第一纸前部钤盖方形朱印二枚，上部一枚印文不明，下部一枚可辨识的印文为"之"等字，据下文朱印推断，该枚印章或为"滨县之印"，后部第16行之后又钤盖朱印一枚，其印文不明。第一、二纸粘连处钤盖方形朱印一枚，其印文为"滨县之印"。第二纸上部钤盖方形朱印一枚，其印文亦为"滨县之印"。另，第一纸上方还钤盖蓝色数字戳印，此数字当系此"卖税契"的编号。

由文中所载内容可知，此件第一纸当系民国时期一买地的买税官契，其中买主为"付文中"，卖主为"韩光远"，核发该买税契的时间为"民国十五年六月"，第二纸系卖主"韩光远"与买主"付文中"于"同治十年二月廿四日"签订的卖地契。以上二纸文书展现了"韩光远"与"付文忠"在同治年间买卖田土及到民国时期买税的有关情况。

【录文】

（前缺）

1. 　滨　县　收税银　□　□十一　元四角八分

---------------------（朱印）---------------------（朱印）---------------------

2. 　山　东　财　政　厅　　　为

3. 　发给税契纸事。案照本厅遵奉

4. 　财政部令　　　纸，凡民间价买房地，无论军屯卫灶，
　　一律行用。

5. **买**　应完税银，仍循向章，买契照契价百分之六纳税，并
　　随收纸价银

6. 　元五角，注册费□元　　　有故违定章延不投税，或减
　　写契价

7. 　者，照章究罚不贷。该　　具有国家思想，应尽国

二　文书整理　121

民义务，自必

8. 一休遵用，上裕国课，下□民争也。兹据　县 乡城集 庄业户

9. 付文中报称，同治十年二月廿四日价买韩光远名下坐落 乡城集

10. 税① 庄 地房一段所，计 地房□，合地壹亩五分七厘　毫，弓步列

11. 后。实用价 钱银○百八十三千二百十文　合银元○千○百二十九元

12. 七角分。凭中　等交清无欠，当呈新契一纸，随带原契　纸

13. 并遵缴六分，税银元○百○十一元七角八分，暨纸价银元五

14. 角，注册费银元一角。请准完税注册粘发契纸，除註明本县

15. 字第二九七二号册外，合行发给新契，俾资执据。须至契纸者。

16. 计开弓步

17. **契**

18. 　　民　　国十五　年　六　月（朱印）日给业户　执据

19. 应实纳地丁正银　　　　　　漕粮正米

------------------------------（朱印②）------------------------------

20. 立文契人韩光远，因无钱使用，将家东南北地一段，计

---

① "税"，该字下方钤盖蓝戳数字"029711"。
② 此朱印印文为"滨县之印"。

　　　　　地一亩五分

21.　　七厘，其地四至：南至道，北至卖主，东至于天保，西至韩起，四至分明。

22.　　今凭中人王天容（朱印①）等说妥，情愿卖与付文中永远为业。言定价钱

23.　　八十三千二百一十文，当日交足，分文不欠。恐后无凭，文契为证。

24.　　　　　　中人　王天荣
　　　　　　　　　　刘奎梓
　　　　　　　　　　刘孝仁

25. 同治十年二月廿四日　　　　立

6. BZ·FS：006 清光绪三年（1877）十二月二十六日于堂卖地契

【题解】

此件系滨州付氏契约文书之一，今将其编号为 BZ·FS：006，其首尾完整，上下俱全，共存文字11行。此件系一卖地白契，立契人为"于堂"，买主为"付文忠"。又，据第6行可见，此件的形成时间为"光绪三年十二月二十六日"。

【录文】

1.　立文契人于堂，因为无钱使用，将家南南北地一段，计地一亩一分整，其

2.　　地四至：东至于臣，西至买主，北至张福元，南至大

---

① 此朱印印文为"滨县之印"。

道，四至分明。今凭

3. 中人 说妥 ，情愿卖于付文忠永远为业。言定价钱拾六吊五整，

4. 其钱当日交足不欠。恐后无凭，立文契为证。

5. 　　　　中人　　　　　　　　　于　俭
　　　　　　　　　　　　　　　　付文增

6. 光绪三年十二月二十六日　　　　　　立

7. 　　　　　中长可一伯①一十四步一尺。
8. 　　　　　南横可二步一尺七寸。
9. 　　　　　南中可二步一尺一寸。
10. 　　　　　北中可二步一尺一寸。
11. 　　　　　北横可二步一尺。

7. BZ·FS：007 清光绪三年（1877）十二月二十六日于堂卖地契（附民国十五年买税契）

【题解】

此件系滨州付氏契约文书之一，今将其编号为 BZ·FS：007，其由两纸粘连而成，共存文字 32 行，其中第一纸首缺尾完，上下俱全，有花纹边栏，共存文字 19 行，相关文字由印刷体与手写体共同构成；第二纸首尾完整，上下俱全，共存文字 13 行。另外，第一纸共钤盖方形朱印三枚，其中在第 1 行与第 3 行之间上下各钤盖朱印一枚，上部一枚印文不明，下部一枚可辨识的印文为"之"等字，据下文相关印章推测，此枚印章可能为"滨县之印"。在 16 行之后

---

① "伯"，据文义该字当作"百"。

还钤盖朱印一枚，但其印文不明。第一、二纸粘连处钤盖方形朱印一枚，其印文为"滨县之印"，第二纸在第 24 行左右钤盖方形朱印一枚，其印文亦为"滨县之印"。另，第一纸上方还钤盖蓝色数字戳印，此数字当系此"卖税契"的编号。

由文中所载内容知，此件第一纸系民国时期一买地买税官契，其中买主为"付文忠"，卖主为"于堂"，核发该买税契的时间为"民国十五年六月"。第二纸系卖主"于堂"与买主"付文忠"于"光绪三九年十二月二十六日"签订的卖地契。以上二纸文书展现了"于堂"与"付文忠"在光绪年间买卖田土及到民国时期买税的相关信息。

【录文】

(前缺)

1. 滨县 收税银元　百　十　三　角　五　分

　　——————(朱印)——————(朱印)——————

2. 　　山东财政厅　　　　　　　　　为

3. 　　发给税契纸事。案照本厅遵奉

4. 　　财政部令，制定契纸，凡民间价买房地，无论军屯卫灶，一律行用。

5. **买** 应完税银，仍循向章，买契照契价百分之六纳税，并随收纸价银

6. 　　元五角，注册费银元一角，其有故违定章，延不投税，或减写契价

7. 　　者，照章究罚不贷。该业户等具有国家思想，应尽国民义务，自必

8. 　　一体遵用，上裕国课，下息民争也。兹据　县　乡城　庄集　业户

9. 　　付文忠报称，光绪三年十二月廿六日价买于堂名下坐

10. **税**① 庄 地房 一段 所 ，计 地房 间，合地**壹**亩○分正厘毫，弓步列
落 乡
    城
    集

11. 后，实用价 钱 银 ○百一十六千五百 文 合银元 千 百
    十 六 元

12. 六角 分。凭中 等交清无欠，当呈新契一纸，随带原契 纸

13. 并遵缴六分税银元 百 十元三角五分，暨纸价银元五

14. 角，注册费银元一角，请准完税注册粘发契纸，除註明本县

15. 字第二九七一○号册外，合行发给新契，俾资执据。须至契纸者。

16. 计开弓步

17. **契**

18. 民 国 十五 年 六 月（朱印）日给业户 执据

19. 应实 纳地丁正银 漕粮正米

-------------------------（朱印②）-------------------------

20. 立文契人于堂，因为无钱使用，将家南南北

21. 地一段，计地一亩一分整，其地四至：东至

22. 于臣，西至买主，北至张福元，南至道，四

23. 至分明。今凭中人说妥，情愿卖于付文忠

24. 永远为业。言定价钱十六千五③千④（朱印⑤）整，

---

① "税"，该字下方钤盖蓝戳数字"029710"。
② 此朱印印文为"滨县之印"。
③ "十"后面原写为"五"，后改为"六千五"。
④ "千"，据文义该字当删。
⑤ 此朱印印文为"滨县之印"。

其钱
25. 当日交足不欠。恐后无凭，立契为证。
26. 　　　中人　　于俭
　　　　　　　　　付文增
27. 光绪三年十二月二十六日　　　　立

28. 　　　　　中长可一百一十四步一尺。
29. 　　　　　南横可二步一尺七寸。
30. 　　　　　南中可二步一尺一寸。
31. 　　　　　北中可二步一尺一寸。
32. 　　　　　北横可二步一尺。

8. BZ·FS：008 清光绪二十年（1894）正月十八日付禄卖地契

【题解】

此件系滨州付氏契约文书之一，今将其编号为 BZ·FS：008，其首尾完整，上下俱全，共存文字 9 行。此件系一卖地白契，立契人为"付禄"，买主为"付文忠"。又，据第 9 行可见，此件的形成时间为"光绪式拾年正月十八日"。

【录文】

1. 立文契人付禄，因为无钱使用，将家东北南北地一段，计地二亩七分正，其地
2. 四至：南至大道，北至于山，东至韩尽美，西至刘在更，四至分明。今凭中人
3. 付文明说妥，情愿卖于付文忠^{耕种}，永远为业。言明价钱叁拾七吊八百文，

二　文书整理　127

4.　　　其钱当日交足不欠。恐后无评①，立文契为正②。
5.　　中长可六十六步一尺。　　　　中人付文明
6.　　南　　九步六尺九寸。
7.　　中　横可　九步二尺九寸。
8.　　北　　九步三尺九寸。

9. 光绪贰拾年正月十八日　　　　　　　立

9. BZ·FS：009 清光绪二十一年（1895）四月二十五日付门戴氏卖地契

【题解】

此件系滨州付氏契约文书之一，今将其编号为 BZ·FS：009，其首尾完整，上下俱全，共存文字 9 行。此件系一卖地白契，立契人为"付门戴氏"，买主为"付文忠"。又，据第 9 行可见，此件的形成时间为"光绪二十一年四月二十五日"。

【录文】

1.　立文送契人付门戴氏，因为无钱使用，将家北东
2.　　西地一段，计地八分九里③七毛正，其地四至：东至大道，
3.　　西至刘凡让，南至刘在盛，北至戴衍富，四至分明。今平④中

---

① "评"，据文义该字当作"凭"。
② "正"，据文义该字当作"证"。
③ "里"，据文义该字当作"厘"。
④ "平"，据文义该字当作"凭"。

4. 人付文玉说妥，青①袁②卖于付文忠永袁③为业。
5. 言明价钱每亩二十二吊，共合十九吊七伯文，其钱
6. 当日交足，分文不欠。空④后无凭，立送契为
7. 证。
8. 　　　　　中人付文玉

9. 光绪二十一年四月二十五日　　　　　　立

10. BZ・FS：010 清光绪廿二年（1896）十一月十四日付文增卖地契

【题解】

此件系滨州付氏契约文书之一，今将其编号为 BZ・FS：010，其首尾完整，上下俱全，共存文字 7 行。此件系一卖地白契，立契人为"付文增"，买主为"付文忠"。又，据第 7 行可见，此件的形成时间为"光绪廿二年十一月十四日"。

【录文】

1. 立文契人付文增，因无钱使用，将家北东面地一段，计地八分九口
2. 　七毛正，其地四至：东至大道，西至刘凤让，南至刘在盛，
3. 　北至戴衍富，四至分明。今凭中人说妥，情愿卖于付文忠
4. 　耕种，永远为业。言明价钱拾九吊七伯⑤文，其钱当日

---

① "青"，据文义该字当作"情"。
② "袁"，据文义该字当作"愿"。
③ "袁"，据文义该字当作"远"。
④ "空"，据文义该字当作"恐"。
⑤ "伯"，据文义该字当作"百"。

二　文书整理　129

交足

5.　　　不欠。恐后无评①，立契为正②。

6.　　　　　　中人付　文玉
　　　　　　　　　　　　禄

7. 光绪廿二年十一月十四日　　　　　立

11. BZ·FS：011 清光绪廿二年（1896）十二月初二日付文增卖地契

【题解】

此件系滨州付氏契约文书之一，今将其编号为 BZ·FS：011，其首尾完整，上下俱全，共存文字 11 行。此件系一卖地白契，立契人为"付文增"，买主为"付文忠"。又，据第 7 行可见，此件的形成时间为"光绪廿二年十二月初二日"。

【录文】

1. 立文契人付文增，因无钱使用，将家东北南北地一段，计地九分零
2. 　　七毫八丝正，其地四至：东至于小，西至刘天昃，南至道，北至
3. 　　于堂，四至分明。今凭中人说妥，情愿卖于付文忠耕
4. 　　种永远为业。言明明③价钱共合叁拾九吊正，其必当日同中人

---

① "评"，据文义该字当作"凭"。
② "正"，据文义该字当作"证"。
③ 第二个"明"，据文义系衍文，当删。

5.　　　　交足不欠。恐后无评①，立契为正②。

6.　　　　　　中人付　　文玉
　　　　　　　　　　　　禄

7. 光绪廿二年十二月初二日　　　　　　　立
8.　　　　　　中长可九十步。
9.　　　　　　南恒③可二步三尺六寸。
10.　　　　　 中恒可二步一尺四寸五。④
11.　　　　　 北恒可二步。

12. BZ·FS：012 清光绪廿二年（1896）十二月初二日付文增卖地契（附光绪卅年契尾）

【题解】

此件系滨州付氏契约文书之一，今将其编号为 BZ·FS：012，其由两纸粘连而成，共存文字 32 行，其中第一纸首尾完整，上下俱全，有边栏，共存文字 14 行，相关文字由印刷体与手写体共同构成；第二纸首完尾缺，上下俱全，有边栏及丝栏，共存文字 18 行，其中第 32 行虽存文字残笔，但其内容已不可释，相关文字亦由印刷体与手写体共同构成。另外，第一纸共钤盖方形朱印二枚，分别在第 4 行后和第 14 行后，其印文相同，均为"滨州之印"。第一、二纸粘连处钤盖方形朱印一枚，其印文亦为"滨州之印"。第二纸共钤盖朱印四枚，其中第 15 行处所钤朱印的右半部分被第一纸裱压，其

---

① "评"，据文义该字当作"凭"。
② "正"，据文义该字当作"证"。
③ "恒"，据文义该字当作"横"，以下同此，不另说明。
④ 此句后有一文字偏旁，似杂写，未录。

印文不明，第 29 行后又钤盖朱印三枚，其中最上部为方形朱印，其与第 14 行文字后所钤印章相同，其印文不明；中部为长方形朱印，其印文亦不明；下部为方形朱印，其已残缺，但可辨识印文中有"滨州"二字，故推断该印当为"滨州之印"。

由文书所载内容可知，此件第一纸当系一卖地官契，立契人为"付文增"，买主为"付文忠"，立契时间为"光绪廿二年十二月初二日"。第二纸系立契人"付文增"与买主"付文忠"买卖田地的"契尾"，该契尾的时间为"光绪卅年十二月"，以上二纸文书展现了"付文增"与"付文忠"在光绪年间田土买卖、纳税等相关情况。

【录文】

1. 立卖　　契人，滨州西路十保付文增，今因无钱使用情愿

2. 将自己^房　　^间　　坐落 本 庄 东
   　　地分叁厘零柒毛亩
   处，南至

3. **官**大道北至　于堂，　东至　于小，　西至

4. 　刘天兴，　　四至分明。邀同原中　　等官中

5. 　公同议明实价^{纹银}（朱印①），当交不欠，卖给
   　　　　　　京钱叁拾吊正

6. 　付文忠名下永远为业，绝无反悔。粮银陆分玖厘，照契过割，由

7. 　买主自行照例投税。如有违碍情弊，卖主一面全管，应纳

8. 　粮银，由买主完纳。恐后无凭，填写官契为证。

9. **契**　　原中人　付文玉　押

10. 　　官中人　付　禄　押　　戳记

11. 　　过付人　　　押

---

① 此朱印印文为"滨州之印"。

12.　　　　代字人

13.　　　光绪　廿二年　十二　月　初二　日吉立＋八

14.　　　滨字第　壹仟 弍 佰陆柒　　（朱印①）　　号

------------------------（朱印②）------------------------

15.　　　山东等处承宣布政使司为遵（朱印）

16.　　　旨议奏事。乾隆十四年十二月二十二日奉准

17.　　　户部咨开，河南布政使富　　条奏：民间买卖田产，经收税银，将契尾粘连用印存贮，申送府州藩司查验，无庸议。至于贪吏以大报小，奸民争

18.　　　执评讼，实缘法久弊生，不可不量为变通。臣等酌议：请嗣后布政司颁发给民契尾格式，编列号数。前半幅照常细书业户等姓名、买卖田房

19.　　　数目、价银、税银若干，后半幅空白处预钤司印，以备投税时将契价税银数目大字填写，钤印之处，令业户看明，当面骑字截开，前幅给业户

20. **契**　收执，后幅同季册汇送布政司查核。此系一行笔迹，平分为二，大小数目委难改换。其从前州县，布政司备查，各契尾应行停止，以省繁文，庶

21.　　　契尾无停搁之 虞 ，而契价无参差之弊，于民无累，于税无亏，侵触可杜而争讼可息矣。又于乾隆三十一年八月二十六日奉准

22. **民户**　户部咨开，直隶按察使裴　条奏：嗣后州县给发契尾，如田房契价在千两以下者，为数无多应仍照旧办理，无庸申送道、府查验，其契价在

23.　　　千两以上者，应如该按察使所议，令各该州县将所填

---

① 此朱印印文为"滨州之印"。

② 此朱印印文为"滨州之印"。

二　文书整理　　133

契尾粘连业户原契按月申送道、府、直隶州查验，直隶州则申送该管道员查验相符，

24. 即将契尾截裁两半，仍定限十日发还州县，一给业户收执，一存俟汇送藩司稽核，并令该督抚随时察访。倘州县申送而道、府、直隶州逾限

25. 不给，以及查验不力，仍有私改侵吞情弊，自应分别处分。如州县不按月申送查验及道、府、直隶州违逾定限不行给还，查明至十日以上者，

26. 罚俸六个月；二十日以上者，罚俸一年；一月以上者，降一级留任。或道、府、直隶州已按期给发该州县，不即给业户收执，亦照此例议处。仍令

27. 道、府、直隶州及各州县于契尾上注明呈验，并给发月日以备查核。须至契尾者。

28. 尾　　　　　计开

29. 山东　府　业户　光绪　年　月买　地房　坐落
用价银
纳税银

30. 滨州布字四万七千五百（朱印）号，右给业户付文忠　准此

31. 光绪卅年十二月　日右契（朱印）　于光绪　年　月　日投税，连同粘用契尾　月　日呈验，月　日到本查验相符骑字截开，于　月　日发回，月　日到，本　于　月　日粘前幅给业户收执，契根存　汇缴

（朱印①）

32. _____

（后缺）

---

① 此朱印印文为"滨州之印"。

13. BZ·FS：013 清光绪二十九年（1903）十月二十五日刘天仪卖地契

【题解】

此件系滨州付氏契约文书之一，今将其编号为 BZ·FS：013，其首尾完整，上下俱全，共存文字 10 行。此件系一卖地白契，立契人为"刘天仪"，买主为"傅连水"。又，据第 10 行可见，此件的形成时间为"光绪式十九年十月式十五日"。

【录文】

1. 立文契人刘天仪，因为无钱使用，将家东南南①北地壹段，计
2. 中地八分正，其地四至：东至王学仁，西至刘魁福，南至
3. 王吉庆，北至道，四至分明。凭中人刘长仁说妥，情愿卖
4. 于傅连水永远为业。言明价钱式十八吊，其钱当日
5. 交足不欠。恐后无凭，立契为证。
6. 　　西长可式十六步。
7. 　　东长可式十叁步。
8. 　　南横可八步○六寸。　　　中人 韩成美　刘鹤龄
9. 　　北横可七步二尺。
10. 光绪式十九年十月式十五日　　　　　立

---

① 第二个"南"系重文符号，今录正。

14. BZ·FS：014 清光绪廿九年（1903）十月廿五日刘天仪卖地契（附民国三年买契）

【题解】

此件系滨州付氏契约文书之一，今将其编号为 BZ·FS：014，其由两纸黏连而成，共存文字 34 行，其中第一纸首缺尾完，上下俱全，四周有花纹边框，四角分别印有"中""华""民""国"四字，共存文字 24 行，相关文字由印刷体与手写体共同构成；第二纸首尾完整，上下俱全，共存文字 10 行。另外，第一纸首行钤盖朱印一枚，其印文已不可释，第 22 行时间处又钤盖长形朱印一枚，其印文为"山东国税厅筹备处关防"。第一、二纸粘连处钤盖方形朱印一枚，其印文为"滨县之印"。另，在第二纸上钤盖朱戳一枚，其戳印文字为"厅契所验计"。

由此件所载内容可知，其第一纸当系民国时期一买地官契，其中买主为"付连水"，卖主为"刘天仪"，核发该买契的时间为"民国三年四月一日"。第二纸系卖主"刘天仪"与买主"付连水"于"光绪廿九年十月十五日"签订的卖地白契。由以上可知，上述两纸文书展现了"刘天仪"与"付连水"在自光绪年间到民国三年田土买卖、纳税等有关情况。

【录文】

　　　　　　　　　（前缺）

1. 　　　　□字第□（朱印）□□□号
2. 中--华
3. 　　　山东国税厅筹备处为发给契纸事。案照民国肇造庶政更新，凡
4. 　　　为中华民国之人民，受有中华民国之地产，自应执民国国家之
5. 　　　契据，始能得民国国家之保护。其理至明，其法至当。

兹本处遵照

6. 财政部电，令制定民国新契纸，即自民国二年八月初一日为始，

7. 无论军屯卫灶，一律行用。凡民间执有前清卖契者，无论已完税、

8. 未完税红契、白契，均需呈验注册，给予新契纸，概免收税。契价在

9. 买 三十圆以上者，收契纸价洋一圆，注册费洋一角，其不及三十圆

10. 者，不收纸价，但收注册费洋一角。一律发给新契纸，以为各该业

11. 户等永远执据。此项验契，以六个月为限，即截止民国三年一月

12. 底，限满过期不验者，重罚，并遇诉讼等事无效。该业户等具有国

13. 家思想，应尽国民义务，自必一体遵用，上以裕国课，下以息民争

14. 也。兹据滨　县业户付连水报称，住居二十 乡城集 付庄

15. 伊　于前清光绪廿九年十月廿五　日价买　刘天仪

16. 名下坐落 乡城集 庄 地房一段所 计地房 间，合　地　〇亩

17. 八分正厘，弓步详列于后。实用价 银钱 廿八吊　合银　千百十

18. 两　钱　分。先 已未 投税，呈验契尾一纸，原契　纸并缴契纸价

19. 洋〇①元，注册费洋一角，请准注册发契。初遵章註明，本县天字第

20. 一万八千五百十七册外，合行给契收执。须至契纸者。

21. **契**　　　　　　计开弓步

22. 　　中华民国三年（朱印②）四月一日给业户付连水收执

23. 　　应买完地丁正银　　　　　　漕粮正米

24. 民--国
　　　--------------------（朱印③）--------------------

25. 　　立文契人刘天仪，因为无钱使用，将家东南南④北地壹段，

26. 　　计中地八分正，其地四至：东至王学仁，西至刘魁福，南至（朱戳⑤）

27. 　　王吉庆，北至道，四至分明。凭中人刘长仁说妥，情愿卖

28. 　　于傅连水永远为业。言明价钱式拾捌仟，

29. 　　其钱当日交足不欠。恐口无凭，立契为证。

30. 　　　　西长可廿六步。

31. 　　　　东长可廿三步。　　　　中人　韩成美
　　　　　　　　　　　　　　　　　　　　刘鹤龄

32. 　　　　南横可八步〇六寸。

33. 　　　　北横可七步二尺。

34. 光绪廿九年十月　廿五日　　　　　立契

---

① "〇"，该字原为印刷体的"一"字，后改为"〇"。
② 此朱印印文为"山东国税厅筹备处关防"。
③ 此朱印印文为"滨县之印"。
④ 第二个"南"系重文符号，今录正。
⑤ 此朱戳文字为"厅契所验记"。

15. BZ·FS：015 清宣统元年（1909）十二月十五日付文起卖地契

【题解】

此件系滨州付氏契约文书之一，今将其编号为 BZ·FS：015，其首尾完整，上下俱全，共存文字 11 行。此件系一卖地白契，立契人为"付文起"，买主为"付连江"。又，据第 11 行可见，此件的形成时间为"宣统元年十二月十五日"。

【录文】

1. 立文契人付文起，因为无钱使用，将道南场园一段，计场带
2. 车道二分正，车道四至：东至付连贵，西至卖主，南至卖
3. 主，北至公伙巷；场园四至：东至付寿，西至卖主，南至卖
4. 主，北至付连贵，上至青天，下至黄泉，六至分明。今
5. 凭中人说妥，情愿卖于付连江永远为业。言定
6. 价钱每分拾伍吊，其钱当日交足。恐后无凭，立文约为证。
7. 上带公伙巷卖主东边。
8. 长可九步〇五寸。　车道长可六步二尺二寸。
9. 　　　　　　　　　　　　　　中人　刘青云　付　寿
10. 　横可四步三尺二寸。　　　横可二尺。
11. 宣统元年十二月十五日　　　　　　立

16. BZ·FS：016 民国四年（1915）十月十九日付文起卖地契

【题解】

此件系滨州付氏契约文书之一，今将其编号为 BZ·FS：016，其首尾完整，上下俱全，共存文字 12 行。此件系一卖地白契，立契人为"付文起"，买主为"付文增"。又，据第 12 行可见，此件的形成时间为"民国四年十月十九日"。

【录文】

1. 立文契人付文起，因无钱使用，将家西南南①北地一段，
2. 计地式亩正，其地四至：东付云庆，西至付云生，
3. 南至卖主，北至卖主，四至分明。今凭中人说合，
4. 情愿卖于长兄②付文增耕种，永远为业。言明
5. 价钱每亩壹伯③吊，其钱当日交足不欠。恐后
6. 无评④，立契为证。
7. 　　　　　　　　　　　　　付 兴田
8. 长可六十七步。　　　　中人刘 元兴 青云 广永
9. 北横可六步一尺一寸。
10. 中横可七步一尺。
11. 南横可八步一尺四寸。

12. 民国四年十月十九日　　　　　　立

---

① 第二个"南"系重文符号，今录正。
② "长兄"，此二字系右侧插入语。
③ "伯"，据文义该字当作"百"。
④ "评"，据文义该字当作"凭"。

17. BZ・FS：017 **民国十二年（1923）借贷账簿**

【题解】

此件系滨州付氏契约文书之一，今将其编号为 BZ・FS：017，其首尾完整，上下俱全，共存文字 7 行，其中第 6、7 行为倒书，多行文字有勾画符号。据文中所载内容可知，此件当系民国十二年某人借贷账簿。因此件来自滨州付氏契约文书，故推测，该借钱账簿的主人可能为付氏某人。

【录文】

1. 　　民国十二年六月廿二日立
2. 　　　　　　　十二月收利钱①。三分利息。
3. 　　尹同芹使钱四吊。
4. 　　民国拾贰年拾二月壹日②　二月
5. 　　付希章使钱拾仟。　　　十③
6. 　　民国十二年五月十五日④
7. 　　刘红吉使钱十吊。

18. BZ・FS：018 **民国十二年（1923）十一月十日傅忠借钱契**

【题解】

此件系滨州付氏契约文书之一，今将其编号为 BZ・FS：018，其首全尾缺，上下俱全，共存文字 3 行。此件系一借条，其中使钱

---

① 该句与第 4 行、第 5 行上半部分，字体一致，均属于细笔，其他文字墨色、字号大小不同。
② 此行及下行上方有勾画符号。
③ "十"，该字下方有一"二"字，被涂抹。该字及上行"二月"为大字书写。
④ 此行及下行为倒书，且文字上方有勾画符号。

人为"傅忠"。又,据第 1 行可见,此件形成的时间为"民国拾二年十一月十日"。

【录文】

1. 　　民国拾二年十一月十七日
2. 　　傅忠使钱廿吊。
3. 　　　傅希禹保
　　　　　（后缺）

19. BZ·FS：019 民国十五年（1926）六月十五日韩荣庆卖地契（附民国年间卖税契）

【题解】

此件系滨州付氏契约文书之一,今将其编号为 BZ·FS：019,其由两纸黏连而成,共存文字 25 行,其中第一纸首缺尾完,上下俱全,有花纹边栏,共存文字 17 行,相关文字由印刷体与手写体共同构成;第二纸首尾完整,上下俱全,共存文字 8 行。另外,第一纸前部钤盖方形朱印两枚,其中一枚在上部,其印文不明,另一枚在下部,其印文可辨者为"之"等字,据后文相关印章推断,该枚印章很可能为"滨县之印"。第一纸后部时间处钤盖朱印一枚,其印文不明。第一、二纸粘连处钤盖方形朱印一枚,其印文为"滨县之印"。第二纸下方钤盖方形朱印一枚,其印文亦为"滨县之印"。另,第一纸上方还钤盖蓝色数字戳印,此数字当系此"卖税契"的编号。

由文中所载内容知,此件第一纸当系民国时期一买地的买税官契,其中买主为"付连江",卖主为"韩荣庆",但未填写核发该买税契的具体时间。第二纸系卖主"韩荣庆"与买主"付连江"于"民国十五年六月十五日"签订的卖地契。以上二纸文书展现了"韩荣庆"与"付连江"在民国年间买卖田土及买税的有关情况。

【录文】

（前缺）

---------------------（朱印）---------------------（朱印）---------------------

1.   山　东　财　政　厅　　　　　　　　　为
2. 发给税契纸事。案照本厅遵奉
3. 财政部令，制定契纸。凡民间价买房地，无论军屯卫灶，一律行用。
4. **买** 应完税银，仍循向章，买契照契价百分之六纳税，并随收纸价银
5. 元五角，注册费银元一角，其有故违定章延不投税，或减写契价
6. 者，照章究罚不贷。该业户等具有国家思想，应尽国民义务，目[①]必
7. 一体遵用，上裕国课，下息民争也。兹据滨县 乡城集 庄业户
8. 付连江报称，十五年六月十五日价买韩荣庆名下坐落 乡城集
9. **税**[②] 　庄地房一段所，计地房　间，合地　亩五分　厘　毫，弓步列
10. 后。实用价钱三百五十千百文 银　合银元　千一百二十五元
11. 角　分。凭中　等交清无欠。当呈新契一纸，随带原契　纸
12. 并遵缴六分，税银元　百　十四元五角　分，暨纸价银元五
13. 角，注册费银元一角。请准完税注册粘发契纸，除注

---

① "目"，据文义该字当作"自"。
② "税"，该字下方钤盖蓝色数字印，印文为"882000"。

二　文书整理　　143

　　　　明本县

14.　字第　　号册 外，合行发给新契，俾资执据。须至契
　　　　纸者。

15.　**契**　　　　　计开弓步

16.　　民　国　　年　（朱印）月　　日给业户付连江
　　　　执据

17.　　　应
　　　　实纳地丁正银　　　　漕粮正米

-------------------------（朱印①）-------------------------

18.　　立文契人韩荣庆，因无钱使用，将家东南北地一段，

19.　　　计地五分正，其地四至：东至买主，西至卖主，南

20.　　　至道，北至卖主，四至分明。今凭中人说妥，情愿

21.　　　卖于付连江永远为业。言明价钱三伯②（朱印③）五
　　　　　十仟，

22.　　　当交不欠。恐口无凭，立文契为证。

23.　　　　　　　　　　　　长可八十五步〇 尺

　　　　　　　　长智
　　　　　　　　花魁
24.　　　　　　中人　刘元恒　　横可壹十步 ☐
　　　　　　　　吴秀岭
　　　　　　　　刘禹

25. 民国十五年六月十五日　　　　　　立

---

①　此朱印印文为"滨县之印"。
②　"伯"，据文义该字当作"百"。
③　此朱印印文为"滨县之印"。

20. BZ·FS：020 民国廿三年（1934）正月十一日刘长智卖地契

【题解】

此件系滨州付氏契约文书之一，今将其编号为 BZ·FS：020，其首尾完整，上下俱全，共存文字 19 行。此件共包含两份卖地白契，其中第 1 至 6 行系一份，第 7 至 19 行系一份，这两份契约的立契人均为"刘长智"，买主均为"李士魁"，形成时间又均在"民国廿三年正月十一日"，且这两份契约涉及的土地、卖价等信息完全一致，但第二份契约又非对第一份契约的重复抄写，而是较之第一份多写了土地的"弓步"等信息。虽然此件属于滨州付氏契约文书之一，但此件中却未见"付"姓之人，其原因可能与 BZ·FS：021 等有关。在 BZ·FS：021 中"李士魁"作为土地的卖主，将与此件数量相当的土地卖给了"傅连财"，或许是因为"李士魁"将此件涉及的土地再次转卖，故将此件也交给了土地新的主人"傅连财"也未未可知。

【录文】

1. 立文契人刘长智，因无钱使用，将家东南北地一段，计地三亩二分九厘七

2. 毛，其地四至：东至付连才，西至刘赵氏，南至刘在武，北至大道，四至分明。

3. 今凭中人说妥，卖于李士魁永远为业。言明价以每亩廿八元，

4. 当交不欠。恐口无凭，立契为证。

5. 中人　刘云亭　韩熹亭　刘希庆

6. 民国廿三年正月十一日　　　　　　　立契

7. 　　立文契人刘长智，因无钱使用，将家东南北地一段，计地三亩二分九厘七毛，

8. 　　其地四至：东至付连才，西至刘赵氏，南至刘在武，北至大道，四至分明。今凭

9. 　　中人说妥，卖于李士魁永远为业。言明价以每亩廿八元，当交

10. 　不欠。恐口无凭，立契为证。

11. 　　　　　　　　　　　　　长可一伯①廿六步三尺。

12. 　　　　　　　　　　　　　北横五步一尺二寸。

13. 　　　　　　　　　　　　　北二②六步〇五寸。

14. 　　　中人　刘云亭
　　　　　　　韩熹亭　　　中横六步一尺三。
　　　　　　　刘希庆

15. 　　　　　　　　　　　　　南二③六步一尺四。

16. 　　　　　　　　　　　　　南横六步二尺九。

17. 　　　　　　　　　　　　　小段长可三步。

18. 　　　　　　　　　　　　　横二步〇九。

19. 民国廿三年正月拾壹日　　　　　　　立契

21. BZ・FS：021 民国廿三年（1934）十月十五日李士奎卖地契
【题解】
此件系滨州付氏契约文书之一，今将其编号为 BZ・FS：021，

---

① "伯"，据文义该字当作"百"。
② "二"，据 BZ・FS：021，该字当系"中"之误。
③ "二"，据 BZ・FS：021，该字当系"中"之误。

其首尾完整，上下俱全，共存文字 12 行。此件系一卖地白契，立契人为"李士奎"，买主为"傅连财"。又，据第 6 行可见，此件的形成时间为"中华民国廿三年十月十五日"。

另，此件所涉土地与 BZ·FS：020、BZ·FS：023、BZ·FS：024 完全相同，且与 BZ·FS：023、BZ·FS：024 所涉买主、卖主亦同。

【录文】

1. 立文契人李士奎，为无钱使用，将家东南北地一段，计中地叁亩式
2. 分玖厘柒毫，其四至：东至买主，西至刘赵氏，南至刘在武，北
3. 至大道，四至分明。凭中人说妥，卖于傅连财耕种为业。言
4. 明每亩价洋式拾捌元，当交不欠。恐口无凭，立文契为证。

5. 　　　　　中人刘　云艾
　　　　　　　　　　云亭
　　　　　　　　　　青水

6. 中华民国廿三年十月十五日　　　　　　　立契
7. 　中长可壹百式拾陆步叁尺。
8. 　　北横可五步壹尺式寸。　　东南小段。
9. 　　北中可六步〇五寸。　　　中长可三步。
10. 　中横可六步一尺三寸。　　横可两步〇九寸。
11. 　南中可六步一尺四寸。
12. 　南横可六步二尺九寸。

22. BZ·FS：022 民国二十四年（1935）正月十五日刘学坤卖地契（附民国二十四年买契纸等）

【题解】

此件系滨州付氏契约文书之一，今将其编号为 BZ·FS：022，其由三纸黏连而成，共存文字 35 行，其中第一纸首缺尾完，上下俱全，有边栏，共存文字 12 行，第 1 行虽存文字残笔，但其内容已不可释，相关文字由印刷体与手写体共同构成。该纸首行上下并排粘贴印花契税票 5 张，但均已残损，其票银数额不明；第二纸首尾完整，上下俱全，有边栏，共存文字 14 行，相关文字亦由印刷体与手写体共同构成；第三纸首尾完整，上下俱全，共存文字 9 行。另外，第一纸首行上部钤盖方形朱印一枚，其印文不明，在该纸后部时间处还钤盖朱印一枚，其印文为"山东省财政厅印"。第一、二纸、第二、三纸粘连处下部各钤有方形朱印一枚，其印文疑似"滨县之印"。第二纸前部上方钤盖方形朱印一枚，其印文不可辨识，在尾部上方亦钤盖朱印一枚，但因该部分已被裱压，其印文亦不明。第一纸后部钤盖朱戳文字两处，第二纸前部上方钤盖朱戳文字一处。另，第一纸还钤盖墨色数字戳印，此数字当系此"卖契纸"的编号。第二、三纸上方写有相同的数字，该数字亦当系此契之编号。

由文中所载内容可知，此件第一纸当系民国时期的官方买契纸，为买主"傅连才"买地及其所纳税洋的情况；第二纸为官方印制的卖地契约，系卖主"刘学坤"与买主"傅连才"签订的卖地官契；第三纸为卖主与买主于民国时期所立买卖田地白契，此契的签订时间为"民国二十四年正月十五日"。由第 12 行所载时间可知，此件所载最晚时间为"民国二十四年二月二十六日"，可知此件最终形成于此时。上述内容展现了"刘学坤"与"傅连才"在民国年间买卖田地及缴纳契约费税的情况。

148　◇◆　整理篇　关于新出滨州契约文书的整理

【录文】

　　　　　　　　　　　　（前缺）

1.　　□□□□□□□□□□□□□□□□□①□□

---------------------------------------（朱印）---------------------------------------

2.　　山东省政府财政厅为发给契纸事。查民间价买田房，无论军屯县卫，一律

3.　　均应照契价百分之六纳税，并随收纸价银元五角，注册费银元一角，其有

4.　**买**　故违定章延不投税，或减写契价者，一经查觉补税以外，并须照章处罚，历

5.　　经各县遵办在案。兹据滨县 乡城集 傅　庄业户　傅连才

6.　**契**②　报称，二十四年一月十五日价买刘学坤名下坐落 乡城集

7.　　庄地房 一段 所，计地房 间，合地叁亩陆分〇厘〇毫，弓步列后。实用价钱银 合银元〇千〇

8.　　百伍十肆元〇角〇分，应缴六分，税银元〇百〇十壹元陆角贰

9.　　分，并纸价银元五角，注册费一角，请准完税粘发契纸为据，初照价核

10.　　收税款并注明本县　字第　号册外，合行发给新契纸收执为据。

11.　**纸**　　　　　计开

---

① 此处粘贴税票多张，同时钤盖蓝色印章多枚。
② "契"，该字下方钤盖墨戳数字"NO0292359"。

二　文书整理　149

(朱戳①)　　　　　　　(朱戳②)

12.　中华民国（朱印③）二十四年二月二十六日

------------------------------(朱印)------------------------------

13.　　立卖契约人刘学坤今将本县西路十保付　　庄

14. **滨**④　本业^{房 所}_{地壹段}，计 ^间_{叁 亩}陆分〇厘〇毫〇系⑤〇忽，经中议

15. **县**　定实价^{银元 每亩拾伍元}_{京钱}（朱印）出卖于

16.　　傅连才名下永远为业。其价当交不欠，粮银照契过拨，如有违

17. **田**　碍，由卖主一面全管。恐口无凭，立契约为证。

18.　　　　　计开

19. **房**⑥　　坐　落

20.　　　　房宅间数

21. **卖**　　地亩弓步

22.　　　　四至

23. **契**　　中人　^{刘廉荣}_{付延祯}
　　　　　　　　付希茏

24.　　　　证人

25. **约**　　代笔

26.　中华民国二十四年（朱印）[二]月[　]日立卖契约

------------------------------（朱印）------------------------------

27. 立文契人刘学坤，因为手中不便，将家东北袁家坟南北地壹

---

① 此朱戳印文为"交价叁分"。
② 此朱戳印文为"□□□教育□□钱□角"。
③ 此朱印印文为"山东省财政厅印"。
④ "滨"，该字右上方钤朱戳，其文为"滨县县政府"。
⑤ "系"，据文义该字当作"丝"。
⑥ "房"，该字上方书有数字"5548"。

段，计

28. 地叁亩六分正，其地四至：东至于家林，西至买主，南至刘长为，北至大道，四

29. 至分明。今凭中人说妥，卖于付连财耕种，永远为业。言明价钱

30. 每①亩价洋拾五元正，其钱当日交足不欠。恐口无凭，立文为证。

31. 中长可壹伯②叁拾壹步式尺。　北横可六步式尺柒寸叁分。

32. 中横可六步叁尺叁寸叁分。　南中横可六步叁尺柒寸。

33. 北中横可六步式尺柒寸式分。　南横可五步式尺四寸。

34. 　　　　　　　刘廉荣
　　　中人　付延贞
　　　　　　　付希茏

35. 民国二十四年正月十五日　　　　立契

23. BZ·FS：023 民国二十四年（1935）正月廿日李士奎卖地契

【题解】

此件系滨州付氏契约文书之一，今将其编号为 BZ·FS：023，其首尾完整，上下俱全，共存文字 13 行。此件系一卖地白契，立契人为"李士奎"，买主为"傅连财"。又，据第 7 行可见，此件的形成时间为"民国二十四年正月廿日"。

另，此件不仅与 BZ·FS：024 所涉土地数量、卖主、买主信息相同，且此件上方写有数字，该数字与 BZ·FS：024 所载数字亦同。

---

① "每"，该字上方书有阿拉伯数字"5□□8"。
② "伯"，据文义该字当作"百"。

【录文】

1. 立文契人李士奎,因为无钱使用,今将家东南北地壹段,计地
2. 叁亩式分九厘七毫正,其地四至:东至买主,西至刘赵氏,南至刘在武,北至大
3. 道,四至分明。今凭中人说妥,情愿卖于傅连才耕种,永远为
4. 业。言明价洋每亩大洋拾捌元正,其钱当日交足不欠。恐口无
5. 凭①,立文契为证。

6. 中人　刘云艾
　　　　刘云亭
　　　　刘青水

7. 民国二十四年正月廿日　　　　　　立契
8. 　　中长可一伯②廿六步三尺。　东南小段。
9. 　　北横可三步壹尺式寸。　　　中长可叁步。
10. 　　北中可二步〇五寸。
11. 　　中横可二步壹尺叁寸。　　　横可式步〇九寸。
12. 　　南中可二步壹尺四寸。
13. 　　南横可二步式尺九寸。

24. BZ·FS:024 民国二十四年(1935)正月二十日李世奎卖地契(附民国二十四年卖契纸等)

【题解】

此件系滨州付氏契约文书之一,今将其编号为 BZ·FS:024,

---

① "凭",该字之上有数字"5548",该数字当系此契约的编号。
② "伯",据文义该字当作"百"。

其由两纸黏连而成，共存文字27行，其中第一纸首缺尾完，上下俱全，前6行中残，有边栏，共存文字12行，相关文字由印刷体与手写体共同构成。在该纸前部右下方并排粘贴印花契税票3张，其中最上部一张票银不清，另外两张票银分别为"五分"和"叁分"；第二纸首完尾缺，上下俱全，有边栏，共存文字15行，相关文字亦由印刷体与手写体共同构成。另外，第一纸前部钤盖朱印一枚，印文不明，在契税票上还钤盖圆形蓝色印章多枚，其印文亦不可辨。该纸后部时间处钤盖朱印一枚，其印文为"山东省财政厅印"。另外，第一纸还钤盖朱戳文字两处。第一、二纸粘连处下部钤有方形朱印一枚，其印文似为"滨县之印"。第二纸前部上方钤盖朱印一枚，后部钤盖朱印两枚，其中钤盖于后部上方者，当系"滨县之印"。另，第一纸还钤盖墨色数字戳印，此数字当系此"卖契纸"的编号。第二纸上方写有数字，此数字亦当系此契之编号。另，此件第二纸所载数字与BZ·FS：023所载数字相同。

由文中所载内容可知，此件第一纸当系民国时期的官方买契纸，登记了买主"傅连才"买地及其所纳税洋的情况，时间为"中华民国二十四年二月二十六日"；第二纸为官方印制的卖地契约，系卖主"李世奎"与买主"傅连才"于"中华民国贰拾四年正月贰拾日"签订的卖地官契。以上二纸文书展现了"李世奎"与"傅连才"在民国年间买卖田地及缴纳契约费的有关情况。

【录文】

(前缺)

1. 收税□_____①（蓝印）

-------------------- (朱印) --------------------

2. 山东省政府□□□民间□卖田房，无论□□□一律

3. 均应照契价 百□□□ 纸价银元五角，注册□□

---

① 该行下方粘贴税票多张，其上钤盖圆形蓝色印章多枚。

二　文书整理　◇◇◇　153

其 有

4. **买**　故违定章□□价者，一经查觉补税以外，并须照章处罚，历

5. 　　经各县遵办在案□□县 乡城集　傅庄业户傅连才

6. 　　报称，二十四年一月□买李士奎名下坐落 乡城集 庄地房 一段所，计地房

7. **契**[①]　间，合地叁亩贰分玖厘柒毫，弓步列后。实用价钱银　合银元〇千〇

8. 　　百伍十玖元肆角〇分，应缴六分，税银元〇百〇十壹元柒角捌

9. 　　分，并纸价银元五角，注册费一角，请准完税注册粘发契纸为据，除照价核

10. 　　收税款并注明本县　字第　号册外，合行发给新契纸收执为据。

11. 　　　　　　　计开

　　（朱戳[②]）　　　　　　　　（朱戳[③]）

12. **纸**　中华民国二十四年（朱印[④]）二月二十六日

-------------------------------------（朱印）-------------------------------------

13. 　　立卖契约人李世奎　　□西路拾保傅　　庄

14. **滨**　本业房地壹段所，计间叁亩贰分玖厘柒毫〇系[⑤]忽，经中议

---

① "契"，该字之下有墨戳数字"NO292358"。
② 此朱戳所钤文字为"贰角叁分"。
③ 此朱戳所钤文字为"经验收教□□□□□"。
④ 此朱印印文为"山东省财政厅印"。
⑤ "系"，据文义该字当作"糸"。

15. 县　　定实价 ^(银元每亩大洋拾捌元)_(京钱)（朱印）出卖于

16. 　　　　傅连才名下永远为业。其价当交不欠，粮银照契过拨，如有违

17. 田　　　碍，由卖主一面全管。恐口无凭，立契约为证。

18. 　　　　计开

19. 房①　　坐落

20. 　　　　房宅间数

21. 卖　　　地亩弓步

22. 　　　　四至

23. 契　　　中人刘　云艾
　　　　　　　　　　云亭
　　　　　　　　　　吉水

24. 　　　　证人

25. 约　　　代笔

26. 　　　中华民国贰拾肆年　正　月　贰拾　日　立卖契约

-------------------------------------（朱印②）-------------------------------------

27. 　　滨　字第　　　号，每张售铜元二十 文 。

（后缺）

25. BZ·FS：025 民国廿四年（1935）十月十二日刘赵氏卖地契

【题解】

此件系滨州付氏契约文书之一，今将其编号为 BZ·FS：025，其首尾完整，上下俱全，共存文字 15 行。此件系一卖地白契，立契

---

① "房"，该字上方书有数字"5548"。
② 此朱印印文为"滨县之印"。

人为"刘赵氏",买主为"付连学"。又,据第 15 行可见,此件的形成时间为"民国廿四年十月十二日"。

【录文】

1. 立文契人刘赵氏,同胞弟商议,因为无钱
2. 使用,将家东南北地壹段,计地壹亩
3. 四分零壹毫六糸,其地四至:东至付连
4. 才,西至刘长旲,南至刘长智,北至大
5. 道,四至分明。今凭中人说妥,情愿卖
6. 于付连学永远为业。言明价洋每亩
7. 叁十九元,其洋当日交足。恐口无凭,立
8. 契为证。
9. 中长可壹伯①廿五步三尺。　　中人刘　长智 在春付希禹 希庆
10. 南横可式步三尺五寸。
11. 南中横可式步二尺三寸。
12. 中横可式步二尺六寸。
13. 北中横式步二尺三寸。
14. 北横可式步二尺八寸。

15. 民国廿四年十月十二日　　　　立

26. BZ·FS:026 民国二十五年(1936)正月二十三日李士奎推收单

【题解】

此件系滨州付氏契约文书之一,今将其编号为 BZ·FS:026,

---

① "伯",据文义该字当作"百"。

其首尾完整，上下俱全，主要由相关表格及有关对表格的说明文字构成，相关文字既有印刷体也有手写体。据此表格所载表头可知，其应当属于一件"推收单"。另，据"推收单"所载"推方"与"收方"可知，此件当系"李士奎"推让于"傅云"的相关文书。此件的形成时间为"民国式拾五年正月式叁日"。

【录文】

（此单由县印发，不取分文印费，如有藉此勒索，即以诈财论罪）

推收单			
		今有西路十保刘海庄李士奎名下	银　两　式钱　五分式厘式毫 米　石　斗式升〇合伍勺
		拨归西路十保傅庄傅云名下完纳。所有本产坐落、面积、价值、四至列后	
	产别	地	
	坐落	庄东	
	面积	（上） （中）地　顷叁亩式分玖厘柒毫〇丝〇忽 （下）	
	价值	每亩拾捌元	
	四至	□　买主 至 西　刘赵氏	南　刘在武 至 北　大道
		中华民国式拾五年正月式拾叁日	推方（卖主）李士奎 收方（买主）傅　云

（该庄如果不敷应用，即由村正随时来县续领）　　　（署名盖章）
　　　　　　　　　　　　　　　　　　　　　　　　或捺指印

说　明

一　产别　　如田地、房屋、山林、池沼等类是。

二　坐落　　即田房等所在地，如某路、某保、某村庄是。

三　面积　　如几亩、几分之类。

四　价值　　即田产交易时之实在价值。

五　四至　　田房坐落之界址。

27. BZ·FS：027 民国廿五年至廿七年（1936—1938）借贷契约账簿

【题解】

此件系滨州付氏契约文书之一，今将其编号为 BZ·FS：027，其首尾完整，上下俱全，共存文字 7 行，系从左向右逆向书写。从文中所载内容来看，此件系某人的借贷契约账簿，第 1 至 5 行与第 6、7 行书写笔迹不同，其中前者记载了"付兴"，也即"付兴"借钱、还钱、付息等信息，后者则记载了收取利息的情况，前者发生在民国廿五年十二月，后者发生在民国廿七年十二月十二日。据文中所载内容推测，第 6、7 行或亦是对"付兴"付息情况的登记。因此件属于滨州付氏契约文书，故此借贷契约账簿的主人，可能属于付某。

【录文】

1. 民国廿五年十二月十七日
2. 付兴使票洋三十九元。
3. 收钱五吊，立①息二②分五。
4. 　　下欠四元。
5. 　　　　保人傅连江
6. 民国廿七年十二月十二日③
7. 收利西元四吊。④

---

① "立"，据文义该字当作"利"。
② "二"，系左侧插入语。
③ 此行及下行有圈画符号。
④ 该行之后还有两行文字，系杂写其中一行为"天十□□"，另一行为"二十一"，与此件无关，不录。

28. BZ·FS:028 民国廿六年至廿七年（1937—1938）借贷契约账簿

【题解】

此件系滨州付氏契约文书之一，今将其编号为BZ·FS:028，其首尾完整，上下俱全，共存文字6行，但第1至3行、第4行，第5、6行墨色不同，故此件应属于三次以上书写。从文中所载内容来看，此件系某人的借贷契约账簿，其中第1至3行系"曹立贵"在"民国廿六年十二月廿四日"所立借钱契，第4行则当是其欠款情况，第5、6行则应为其在"民国廿七年十二十四日"的还款记录。因此件属于滨州付氏契约文书，故此借贷契约账簿的主人，很可能属于付某。

【录文】

1. 　　民国廿六年十二月廿四日　立
2. 　　曹立贵使钱四十吊。
3. 　　利昔①三分，利钱十吊。
4. 　　　　下欠四吊。

5. 　　收利西②十四吊。
6. 　　民国廿七年十二③十四日

29. BZ·FS:029 民国廿九年（1940）借贷契约账簿

【题解】

此件系滨州付氏契约文书之一，今将其编号为BZ·FS:029，

---

① "昔"，据文义该字当作"息"。
② "西"，据文义该字后脱"元"字。
③ "二"，据文义该字后脱"月"字。

二　文书整理　159

其首尾完整，上下俱全，共存文字 5 行，从文中所载内容来看，此件当系某人的借贷契约账簿，其中第 1 至 4 行为"刘云修"在"民国廿九年四月卅日"所立借钱契，第 5 行则是其在该年十一月十九日的还款情况。因此件属于滨州付氏契约文书，故此借贷契约账簿的主人，可能属于付某。

【录文】

1. 民国廿九年四月卅日

2. 　刘云修使票十柒元，

3. 　　利息三分。

4. 　　保人付连江

5. 廿九年十一月十九日，扣利 息 伍角。

30. BZ·FS：030 民国三十四年（1945）九月十六日傅祯卖地契

【题解】

此件系滨州付氏契约文书之一，今将其编号为 BZ·FS：030，其首尾完整，上下俱全，共存文字 14 行。此件系一卖地白契，立契人为"傅祯"，买主为"傅滨"。又，据第 14 行可见，此件的形成时间为"民国叁拾四年九月十六日"。

【录文】

1. 立文契人傅祯，因为无钱使用，今

2. 　将家东南北地壹段，计地壹亩四分零

3. 　一毫六丝，其地四至：东至买主，西至付茑，

4. 　南至刘东，北至大道，四至分明。今凭中人

5. 　说妥，情愿卖于傅滨永远为业。言

6. 　明价洋共洋壹仟元，其洋当日交

7. 　足。恐口无凭，立文契为证。

8. 长可壹百廿五步三尺。

9. 南横可二步三尺五寸。

10. 南横可二步二尺三寸。

11. 中横可二步二尺六寸。　　　中人 刘玉珂 刘希汤

12. 北横可二步二尺三寸。

13. 北横可二步二尺八寸。

14. **民国叁拾四年九月十六日　　　　　　　立**

31. BZ·FS：031 **民国卅四年（1945）九月十八日付禎卖地契**

【题解】

此件系滨州付氏契约文书之一，今将其编号为 BZ·FS：031，其首尾完整，上下俱全，共存文字 7 行。此件系一卖地白契，立契人为"付禎"，买主为"付云"。又，据第 7 行可见，此件的形成时间为"民国卅四年九月十八日"。

【录文】

1. 立文契人付禎，因为手中不便，将家东南北地

2. 一段，计地一亩四分六，其地四至：东至付云，

3. 西至付建保，南至道，北至刘冬，四至分明。凭

4. 中人说妥，卖于付云。言明价钱北海一仟元。

5. 恐口无凭，立文契为证。

6. 　　　　　　　　中人刘 希汤 玉珂

7. 民国卅四年九月十八日　　　　　　　立

32. BZ·FS：032 民国三十五年（1946）正月初十付连合卖地契

【题解】

此件系滨州付氏契约文书之一，今将其编号为 BZ·FS：032，其首尾完整，上下俱全，共存文字 8 行。此件系一卖地白契，立契人为"付连合"，买主为"付温谅"。又，据第 8 行可见，此件的形成时间为"民国叁十五年正月初十"。

【录文】

1. 立文契人付连合，因为无钱，将家西南角南北地壹
2. 段，计地叁分九厘八毫，其地四至：西至付希尧，南
3. 至付玉海，东至买主，北至买主，四至分明。今凭
4. 中人说妥，情愿卖于付温谅永远为业。言明价洋北
5. 海洋五伯①元，其钱当日交足。恐口无评②，立契为证。
6. 中长可十三步式尺六寸。

7. 南北横可七步　　　中人　　付铎
　　　　　　　　　　　　　　付成
　　　　　　　　　　　　　　刘松全
　　　　　　　　　　　　　　付希宝

8. 民国叁十五年正月初十　　　　　　立

33. BZ·FS：033 一九五〇年古历九月廿一日傅彬卖地契

【题解】

此件系滨州付氏契约文书之一，今将其编号为 BZ·FS：033，

---

① "伯"，据文义该字当作"百"。
② "评"，据文义该字当作"凭"。

其首尾完整，上下俱全，共存文字 8 行。此件系一卖地草契，立契人为"傅彬"，买主为"傅温"，其中买主姓名处原有空格，相关人名系后来另笔添加。另，此件中每亩小麦的价格也有修改痕迹，且相关文字修改笔迹与买主姓名笔迹相同。又，据第 8 行可见，此件的形成时间为"中华人民共和国壹玖五〇年古历玖月廿一日"。

【录文】

1. 立送契人傅彬，因手中不便，愿将家前坟地北头
2. 　一段，计场不定其数，其场四至：南至卖主，北至傅温，
3. 　西至傅汉，东至傅希尧，四至分明，东边甾出车道一段。
4. 　今凭中人说妥，请①愿卖于傅温②永远为叶③。言明价
5. 　洋每分小麦一石五④，其麦当交不欠。恐后无凭，立字
6. 　为证。

7. 　　　　中人傅槐华

8. 中华人民共和国壹玖五〇年古历玖月廿一日　　　立

34. BZ·FS：034 一九五〇年十二月十九日傅彬卖地契

【题解】

此件系滨州付氏契约之一，今将其编号为 BZ·FS：034，其首尾完整，上下俱残，共存文字 7 行。此件系一卖地白契，立契人为

---

① "请"，据文义该字当作"情"。
② "傅温"，系蓝书，另笔书写。
③ "叶"，据文义该字当作"业"。
④ "一石五"，原作"式石"，后用蓝书修改为"一石五"。

二　文书整理　　163

"傅彬",买主不详,文中在买主处预留有空格,当待填姓名,由此推知,此契约所涉田土或尚未找到有关"买主",故此件可能属于一件尚未真正实施的契约。另,据第7行可知,此件的形成时间为"中□□民共和国壹玖五零年拾贰月拾玖日"。

【录文】

1. ☐送☐契人傅彬,因手中不便,今将家南粪土场壹☐厘

2. ☐☐小明,此数待量后为实。其场四至:东至☐

3. ☐☐西至伙巷,北至伙巷,四至分明。今凭中人☐

4. ☐☐妥,卖于　　永远为业。言明价洋是☐

5. ☐☐○斗,其□当交不欠。恐后无凭,立☐

6. 　　　　　　中人　刘希汤

7. 中□□民共和国壹玖五零年拾贰月拾玖日☐

35. BZ·FS:035 一九五一年古历二月初四日傅温当地契

【题解】

此件系滨州付氏契约文书之一,今将其编号为 BZ·FS:035,其首尾完整,上下俱全,共存文字6行。此件系一当地白契,当契人为"傅温",当给人为"付希孟"。又,据第6行可见,此件的形成时间为"一九五一年古历二月初四日"。

【录文】

1. 　　立当契人傅温,因付宾①前当给付希孟地式亩叁分余,付彬

2. 　　　　死后应分给付温为业,当给付希孟耕种,归付温☐后

---

① "付宾",据文义,此人可能为后文之"付彬"。

3. 回地，说当之地价共豆子叁石，耕种三年，豆子交足，回续

4. 　　　　换契。

5. 　　　　中人傅 希武
　　　　　　　　保德

6. 公元一九五一年古历二月初四　　日　　　　立

36. BZ·FS：036 一九五一年古历二月十二日傅彬卖地契

【题解】

此件系滨州付氏契约文书之一，今将其编号为 BZ·FS：036，其首尾完整，上下俱全，共存文字 9 行。此件系一卖地白契，立契人为"傅彬"，买主为"傅温"。又，据第 9 行可见，此件的形成时间为"中华人民共合国一九五一年古历贰月拾贰日"。

【录文】

1. 立文契人傅彬，因经济困难，今将自己场园壹段，计场壹分四

2. 厘叁毛柒系①伍，其场四至：南至卖主，北至傅环，东至傅希尧，西至买主，

3. 四至分明。今凭中人说妥，情愿卖于傅温永远为业。言明每分

4. 小麦壹石伍斗，其麦当日交足不欠。恐口无凭，立文契为

5. 证。

---

① "系"，据文义该字当作"纟"。

6.　　　　中长可囗①步。

7.　　　　南横可四步叁尺四寸五。　　中人傅　槐华
　　　　　　　　　　　　　　　　　　　　　　希孟

8.　　　　北横可四步叁尺柒。

9. 中华人民共合国②一九五一年古历式月拾式日　　立

37. BZ·FS：037 一九五一年三月十九日傅温土地房产所有证

【题解】

此件系滨州付氏契约文书之一，今将其编号为 BZ·FS：037，其首缺尾完，上下俱全，有边栏，其内容由相关文字及表格构成，相关文字有印刷体，也有手写体。据此件的表头可知，此件当系一"土地房产所有证"。此证的颁发对象为"傅温"，颁发机构，由相关印章等可知，当系"滨县人民政府"，发证时间在一九五一年三月十九日。此件前后各钤盖朱印一枚，其中前部印章的印文无法辨识，后部时间处所钤朱印印文为"滨县人民政府印"。另外，此件还钤盖了县长的朱戳。

【录文】

（前缺）

-------------------- （朱印）--------------------

1.　　　　　致字第零柒壹 式拾 　　号

2.　　山东省土地房产所有证　　　致字第柒壹贰拾号

3.　**土**　滨县六区傅家村居民傅温

---

① "囗"，此为苏州码。
② "合"，据文义该字当作"和"。

4. 依据中国人民政治协商会议共同纲领第二十七条"保护农民已得土地所有权"之规

5. **地** 定，确定 本户全家/本　人 所有土地，共计 可耕地十一段三十四亩一分　厘〇毫，非耕地一段　〇亩　分　厘〇毫，房产共

6. 计房屋十一间，地基三段〇亩七分一厘二毫，均作为 本户全家/本　人 私有产业，

7. **房** 有耕种、居住、典卖、转让、赠与等完全自由，任何人不得侵犯，特给此证。

8. 　　　　　　　县　长　　　（朱戳①）

9. **产** 　　计开

所有证 土地

座落	种类	亩数	四至	长宽尺度	附属物	备考
家南风台	白	壹亩五分九厘	东　环　南　张荣　至　付　至　西　廷　北　小道	南北长六百二十七尺五横可十五尺二寸		
家南边道	红	亩七分一厘五	东　刘玉秀　南　付廷　至　　　　至　西　付环　北　刘玉山	南北长二十二尺一寸五横可十九尺三寸八	坟树□地	一分九厘
家南白毛	白	叁亩一分二厘	东　刘丙公　南　大　至　　　　至　道　西　付希真　北　小	南北长五百五十四尺六横可三十三尺七六		
家南②注	白	壹亩二分六厘	东　王会来　南　王会来　至　　　　至　西　刘丙祥　北　大道	南北长一百五十三尺七七横可四十九尺一寸六	坟树□地	二分五
家东岔道口	白	柴亩一分六厘六	东　大道　南　寿田　至　　　至　刘　西　付云山　北　元存	南北长二百八十六尺横可一百五十尺〇三六	顺道串道	五分九厘七

---

① 此朱戳印文为"李羣"。
② 第二个"南"，系重文符号，今录正。

二 文书整理　　167

	座落	种类	亩数	四至	长宽尺度	附属物	备考
土地	家东沙岑子	沙墈①	肆亩零九	东至西轩 延北 南于光泽 大道	南北长四百〇七尺四横可六十尺〇二三	沙墈荒□	一亩九分三
	刘家家②东	红	伍亩一分一厘九	东至西 韩德盛 付坦 南北 韩风岑 大道	南北长四百七十一尺六横可六十五尺二寸	树□地	一分五厘八
	座落	种类	间数	地基亩数	地基四至	地基长宽尺度	附属物	备考
房产	家南	宅基		亩九厘四毛二	西至付希真北 东至南王有 伙巷	东西长三十一尺〇五九横十八尺二寸		
				亩				

一九五一年三月十九日（朱印③）　　　　发

38. BZ·FS：038 一九五一年十一月廿八日傅温分单

【题解】

此件系滨州付氏契约文书之一，今将其编号为BZ·FS：038，其首全尾缺，上下俱全，共存文字15行，其中第15行与前文文字笔迹不同。此件系一件分单，分单人为"傅温"，分单的对象为付温、付环、付希真等三人。分单的物品涉及家具、物件、土地等。据第14行可知，此件的形成时间为"公元一九五一年阳历十一月廿八号"。

【录文】

1. 立分单人傅温，因傅宾病故寿终丧事一④后，

---

① "墈"，据文义该字当作"碱"，以下同此，不另说明。
② 第二个"家"，系重文符号，今录正。
③ 此朱印印文为"滨县人民政府印"。
④ "一"，据文义该字当作"以"。

2. 其余家具、地土无人呈守，经民众、村干大家讨论，
3. 诀议应分家东远家坟南北地一段，计地肆亩叁分，
4. 余便种便当，另有家具、物件名称列下：
5. 坐相①子一个、小相子一个、妆招北一个、大小匣一对、钱樻子一个、红包袄一个、
6. 二盆子、瓮一个、扁担一条、高屯一个、橙子一个、破椅子一把、
7. 沙瓮一个、小破菠其②一个、破锅一口、小潭③一个、大花碗一个、
8. 破缸瓮一个、破铲子一把。另外，衣被褥不计登计。
9. 家前付彬坟地一段，归付温、付环、
10. 付希真三家公有。
11. 刘 希汤 系环 鸿奎
12. 事中人
13. 付 希保 岭 智

14. 公元一九五一年阳历十一月廿八号　　　　　立

15. 公元壹九五一年☐☐☐☐☐☐☐廿八号④

（后缺）

---

① "相"，据文义该字当作"箱"，以下同此，不另说明。
② "菠其"，据文义此二字当作"簸箕"。
③ "潭"，据文义该字当作"坛"。
④ 该行似是对第15行的重复抄写，但笔迹、内容等又不完全相同。

（二）新出滨州苏氏契约文书整理

1. BZ·SS：001 清道光三年（1823）十一月廿五日崔有卖地契
【题解】
此件系滨州苏氏契约文书之一，今将其编号为 BZ·SS：001，其首尾完整，上下俱全，共存文字6行。此件系一卖地白契，立契人为"崔有"，买主为"苏江"。又，据第4行可见，此件的形成时间为"道光三年十一月廿五日"。

【录文】

1. 立文契人崔有，为无钱使用，将家东南北地一段三亩，东至卖主，南至沟，西至买
2. 主，北至苏振，四至分明。今凭中人崔文芳说合，情原①卖于苏江为业。言定价
3. 钱四十三千正，当支不欠。恐后无凭，立契存证。

4. 道光三年十一月廿五日　　　　　　立契

5. 　　　　　中人　苏大勇
　　　　　　　　　崔文芳

6. 　　　　　代字　苏　惠

2. BZ·SS：002 清道光十三年（1833）十月十七日苏福礼卖地契
【题解】
此件系滨州苏氏契约文书之一，今将其编号为 BZ·SS：002，

---

① "原"，据文义该字当作"愿"。

其首尾完整，上下俱全，共存文字 7 行。此件系一卖地白契，立契人为"苏福礼"，买主为"苏江"。又，据第 7 行可见，此件的形成时间为"道光十三年十月十七日"。

【录文】

1. 　　　立文契人苏福礼，因无钱使用，将家后南北地一段五亩，东至
2. 　　　苏喜，南至道，西至苏大旺，北至苏大癸，四至分明。今凭中人
3. 　　　说合，情原①卖与苏江为业。言定价钱廿五千，当日交足
4. 　　　不欠。恐后无凭，立契存证。
5. 　　　　　　中人　张喜茂
6. 　　　　　　代字　苏　惠

7. 道光十三年十月十七日　　　　　　　立契

3. BZ·SS：003 清道光十八年（1838）十一月廿七日苏兴卖宅契（附道光年间契尾）

【题解】

此件系滨州苏氏契约文书之一，今将其编号为 BZ·SS：003，其由两纸粘连而成，共存文字 28 行，其中第一纸首尾完整，上下俱全，共存文字 11 行；第二纸首全尾缺，上下俱全，有边栏及丝栏，共存文字 17 行，相关文字由印刷体与手写体共同构成。另外，第一纸所载土地价格处，钤盖方形朱印一枚，其印文为"滨州之印"，两纸粘连处亦钤盖此印。第二纸前部上方钤盖方形朱印一枚，此印因

---

① "原"，据文义该字当作"愿"。

二　文书整理　　171

被第一纸裱压，其印文已不可辨，该纸后部钤盖朱印三枚，其中最上方、中部所钤方形朱印两枚均已残缺，其印文不可辨识，而最上方朱印当与该纸前部所钤朱印相同，最下方所钤方形朱印，据残文推断，其印文应当也是"滨州之印"。

由文中所载内容可知，此件第一纸当系"苏臾"，也即"苏兴"的卖宅契，买主为"苏江"，此契的形成时间为"道光十八年十一月廿七日"。第二纸当系道光年间官方出具的"契尾"，由相关印章推断，其颁发机构当系"滨州"。

【录文】

1.　　立文契人苏臾，因无钱使用，将家前 背 南空宅一位，东西南北二段，

2.　　东西计宅一分二厘，南北计宅五分。其宅四至：东至苏大 朋/财 ，北至 背 ，

3.　　南至卖主，西至苏大财。东西一段，北至苏大财，南西二至买主，东至

4.　　本宅，上至青天，下至黄全①，六至分明。今凭中人苏英芳说合，情原②卖

5.　　于苏江修造为业。苏江将西宅一段焕于于③苏臾，一分〇五毫六系④，

6.　　下有宅五分一厘四毫四系，十一日□卖于苏江⑤。言定价钱式十三吊，其钱当日交足不欠。恐后

7.　　无凭，立契存证。　　　（朱印⑥）

---

① "全"，据文义该字当作"泉"。
② "原"，据文义该字当作"愿"。
③ 第二个"于"，据文义系衍文，当删。
④ "系"，据文义该字当作"糸"，以下同此，不另说明。
⑤ 此句系右侧插入语。
⑥ 此朱印印文为"滨州之印"。

8.　　　　　　　苏贞伦仝侄　　中人　苏英芳俗　　　　　　　飞龙　　　　　　　王禄修

9.　　　　　　苏呉立契

10.　　　　　　　　代字　苏大力

11.　　道光十八年十一月廿七日　　　　　立契

-------------------（朱印①）-------------------

12.　山东等处承宣布政使司为遵（朱印）

13.　旨议奏事。乾隆十四年十二月二十二日奉准

14.　户部咨开，河南布政使富　条奏：民间买卖田产，经收税银，将契尾粘连用印存贮，申送府州藩司查验，毋庸议。至于贪吏以大报小，奸民争执讦讼，实缘经久

15.　弊生，不可不量为变通。臣等酌议：请嗣后布政司颁发给民契尾格式，编列号数，前半幅照常细书业户等姓名、买卖田房数目、价银、税银若干，后半幅空白处预

16.　钤司印，以备投税时将契价税银数目大字填写，钤印之处，令业户看明，当面骑字截开，前幅给业户收执，后幅同季册汇送布政司查核。此系一行笔迹，平分

17. **契**　为二，大小数目委难改换。其从前州县，布政司备查，各契尾应行停止，以省繁文，庶契尾无停搁之虞，而契价无参差之弊，于民无累，于税无亏，侵蚀

---

① 此朱印印文为"滨州之印"。

可杜

18. 而争讼可息矣。又于乾隆三十一年八月二十六日奉准
19. 户部咨开，直隶按察使裴　条奏：嗣后州县给发契尾，如田房契价在千两以下者，写数无多，应仍照旧办理，无庸申送道、府查验，其契价在千两以上
20. **民户**者，应如该按察使所议，令各该州县将所填契尾粘连业户原契，按月申送道、府、直隶州查验，直隶州则申送该管道员查验相符，即将契尾截裁两半，
21. 仍定限十日发还州县，一给业户收执，一存俟汇送藩司稽核，并令各该督抚随时察访，倘州县申送而道、府、直隶州逾限不给，以及查验不力，仍有私收
22. 侵吞情弊，自应分别处分。如州县不按月申送查验及道、府、直隶州违逾定限不行给还，查明至十日以上者，罚俸六个月；二十日以上者，罚俸一年；一月以上者，
23. 降一级留任。或道、府、直隶州已按期给发，该州县不即给业户收执，亦照此例议处。仍令道、府、直隶州及各州县于契尾上注明呈验，并给发月日，以备查核。须至契尾者。

24. **尾**　　　　计开
25. 山东　府　业户道光　年　月　日买地房　坐落　用价银　纳税银
26. 滨州　布字一万一千八十一　号，右给业户　准此

　　　　　　　　　　　　　　　　　　　　于道光年　月　日投税，遵例粘用契尾　月日呈验，
27. 道光　年（朱印）月　日右契（朱印）　月　日到本查验相符骑字截开，于月　日发回，月日到本，于　月　日粘前幅给业户收执，契根存　汇缴

28. ▬▬▬▬▬▬▬▬▬▬▬▬▬▬▬▬▬▬▬（朱印①）

（后缺）

4. BZ·SS：004 清同治六年（1867）十一月二十七日苏安卖宅契

【题解】

此件系滨州苏氏契约文书之一，今将其编号为 BZ·SS：004，其首尾完整，上下俱全，共存文字 13 行。此件系一卖宅白契，立契人为"苏安"，买主为"苏太修"。又，据第 9 行可见，此件的形成时间为"同治六年十一月二十七日"。

【录文】

1. 立文契人苏安，因为无钱使用，将门口沟南宅子一段，计
2. 宅壹分八厘四毫，其宅六至：上至清②天，下至黄潦，东
3. 至㭽伙巷，西至买主，南至卖主，北至买主，六至分
4. 明。今凭中人苏云广说合，情愿卖于苏太修造为
5. 业。言定价钱九拾千整，其钱当日交足不欠。恐后无
6. 凭，立契为证。
7. 中人　苏连登
　　　　苏　彬
　　　　苏云广
8. 代字人崔景元
9. 同治六年十一月二十七日　　　　立契

---

① 此朱印印文为"滨州之印"。
② "清"，据文义该字当作"青"。

二　文书整理　　175

10.　　　南北长可六步〇一寸。　一分五厘七毛。

11.　　　东西横可六步一尺。

12.　　东北段东西二步二尺六寸。二厘七毛。

13.　　　南北二步二尺。

5. BZ·SS：005 清光绪十年（1884）十一月廿五日苏太卖宅契

【题解】

此件系滨州苏氏契约文书之一，今将其编号为 BZ·SS：005，其首尾完整，上下俱全，共存文字 12 行。此件系一卖宅白契，立契人为"苏太"，买主为"苏会元"。又，据第 12 行可见，此件的形成时间为"光绪十年十一月廿伍日"。

【录文】

1.　立文契人苏太，因为无钱使用，将门沟南空宅一位，计

2.　　宅壹分五厘七毫，其宅六至：上至青天，下至黄

3.　　潦，东至恭伙巷，西至买主，南至苏平，北至伙巷。

4.　　上代①丁沟一位，计宅贰厘柒毫，东至恭伙巷，西至

5.　　湾埃，南至伙巷，北至丁沟，六至分明。今凭中人苏元魁

6.　　说，他情原②卖于苏会元修造为业。言定价钱捌十吊，

7.　　其钱当日交足，分文不欠。恐后无凭，立契为证。

8.　　　　中人　苏元魁　南北长可六步〇一寸。一分五厘七。
　　　　　　　　　苏长只

9.　　　　　　　　　东西横可六步一尺。

10.　　　代字苏连登　北头又一位。

---

① "代"，据文义该字疑应作"带"。
② "原"，据文义该字当作"愿"。

176　◇◇　整理篇　关于新出滨州契约文书的整理

　　　　　　　　　东西二步二尺六寸。二厘七。
11.　　　　　　　南北二步二尺。

12. 光绪十年十一月廿伍日　　　　　　立

6. BZ·SS：006 清光绪十二年（1886）五月十五日苏光卖地契

【题解】

此件系滨州苏氏契约文书之一，今将其编号为 BZ·SS：006，其首尾完整，上下俱全，共存文字 9 行。此件系一卖地白契，立契人为"苏光"，买主为"苏长茂"。又，据第 9 行可见，此件的形成时间为"光绪拾贰　五月拾五日"。

【录文】

1.　立文契人苏光，因为无钱使用，将家东庙后南北
2.　　中地一段，计地五分，其地四至：东至南北大道，
3.　西至苏长远／苏　有，北至苏长远，南至道，四至分明。今他
4.　中人苏坤魁说合，情原①于②苏长茂为业。言明地
5.　价五吊七百文，当日交足不欠。恐后无凭，立
6.　　契为证。
7.　　　　　　　中人苏坤魁
8.　　　　　　　代字苏连登

9. 光绪拾贰③　五月拾五日　　　　　立契

---

①　"原"，据文义该字当作"愿"。
②　"于"，据文义该字前脱"卖"字。
③　"贰"，该字后原有空格，此空格当为书写"年"字所留，但又未写"年"字，疑似脱漏。

7. BZ·SS：007 清光绪十四年（1888）十二月二十四日苏太卖宅契

【题解】

此件系滨州苏氏契约文书之一，今将其编号为 BZ·SS：007，其首尾完整，上下俱全，共存文字 9 行。此件系一卖宅白契，立契人为"苏太"，买主为"苏惠元"。又，据第 9 行可见，此件的形成时间为"光绪十四年十二月二十四日"。

【录文】

1. 立文契人苏太，因为无钱使用，将湾南
2. 空宅一段，计宅一分九厘六毛四，其宅六至：东至买主，
3. 西至湾埃，南至苏平，北至湾埃，上至青天，下至
4. 黄泉，六至分明。今凭中人说合，情愿卖于苏
5. 惠元修盖居住为业。言明价钱京钱十二
6. 千，当日交足。恐无凭，立契为证。

7. 　　　　　中人苏 兴隆
　　　　　　　　　　长兴
8. 　　　　　　　代字胡长元

9. 光绪十四年十二月二十四日　　　　　立

8. BZ·SS：008 清光绪十五年（1889）正月廿二日苏廷明卖地契

【题解】

此件系滨州苏氏契约文书之一，今将其编号为 BZ·SS：008，其首尾完整，共存文字 11 行。此件系一卖地白契，立契人为"苏廷

明"，买主为"苏会元"。又，据第 11 行可见，此件的形成时间为"光绪拾伍年正月廿二日"。

【录文】

1. 立文契人苏廷明，因为无钱使用，将家后庄
2. 家前南北地一段，计地二亩二分正，其
3. 地四至：南至卖主，北至苏成元，东至
4. 边道，西至苏立魁，四至分明。今他中
5. 人苏廷魁说合，青①愿卖于苏会元耕
6. 种，永远为业。言明价钱美②亩捌千
7. 五，其钱当日交足，分文不欠。恐口
8. 无凭，立契为证。
9. 　　　　　中人　崔景成
　　　　　　　　苏廷魁
　　　　　　　　苏呉隆
10. 　　　　　代字　崔连珠

11. 光绪拾伍年正月廿二日　　　　　立

9. BZ·SS：009 清光绪三十四年（1908）二月廿五日苏门田氏卖地契（附光绪卅四年契尾等）

【题解】

此件系滨州苏氏契约文书之一，今将其编号为 BZ·SS：009，其由两纸粘连而成，共存文字 64 行，其中第一纸首尾完整，上下俱全，共存文字 46 行，该纸第 1 至 34 行属于一部分，为印刷体文字，第 35 至 46 行属于一部分，该部分文字既有印刷体，也有手写体，

---

① "青"，据文义该字当作"情"。
② "美"，据文义该字当作"每"。

二　文书整理　179

两部分均有边栏，第一部分下部有部分文字刷印不清。另外，第一纸两部分连接处，有部分文字被叠压印刷并书写，由此可知，该纸这两部分内容并非一次书写完成。另，第一纸第一部分与第二部分连接处下部钤盖朱印一枚，其印文不明，在该纸第二部分前部下方及后部时间处，分别钤盖朱印一枚，其中前者或为"滨州之印"，后者印文不明。第二纸首尾完整，上下俱全，共存文字18行，有边栏和丝栏，该纸由印刷体与手写体文字共同构成，且钤盖朱印多枚，其中前部上方钤盖一枚，但已被第一纸裱压，其印文不明，后部自上而下钤盖朱印三枚，其中最下方一枚当系"滨州之印"。另，一、二纸粘连处亦钤盖印章，其印文也为"滨州之印"。

据此件两纸文书所载表头可知，第一纸当系"官契"，第二纸则为"契尾"，第一纸涉及"山东等处承宣布政使司写给发官契事"，颁发时间是在"光绪三十四年二月廿五日"，是为"苏门田氏"卖地而核发。而第二纸的所载时间亦为"光绪三十四年"。

【录文】

1. 　山东等处承宣布政使司为给发官契事。光绪三十一年五月二十六日奉
2. 　署巡抚部院杨　札：开照得，前奉
3. 　谕旨饬令整顿庶务，现在举办一切新政，需款孔亟。访闻东省田房税契一项，或减价报税，或隐匿不报，流弊滋多，自应变通□□□□□
4. 　整顿。本部院前在直藩，在内定有整顿田房税契章程，行之颇着成效，兹将章程札发由司，参以东章妥拟详办等，因当将□□□□□
5. 　省章程逐条参观，确核损益，详定简明章程，俾资遵守。总之，此项税　契固为
6. 　国家例有进款，即为民间例，有输将此次仿照直章，改用官契纸，原为杜绝隐匿改契，超见凡属绅商士民，务须恪

遵。后开章☐

7. 官契照例投税，毋违，切切。

8. 　　　　计开

9. 一、律载置买田房不税契者，笞五十，仍追契内田宅价钱一半入官。又，户部则例内载，凡置买田房不赴官纳税，请粘契尾者，即☐

10. 罪，并追契价一半入官。仍令照例补纳正税等语，凡民间置买田房，自立契之日起，限六个月内过割税契，逾限不税，准官中☐

11. 主及邻佑、里书告发，将业主照例卖追，在所追半价内，提五成充赏。

12. 一、定例：每契价银一两收税银三分外，加收倾镕火耗等费银六厘。每契尾一张，收纸价工本京钱五百文。此外不得丝毫多更☐

13. 例：契价存制钱一千文作银一两，仍纳税银三分六厘。听乡民银钱两便，统照市价合计不准浮收。

14. 一、此次改用三联官契纸，各州县赴司领回，即日酌发官中具领，遇有买卖田房，即由官中填明亩数、价值，盖用戳记发交☐

15. 照填存根，按月同纸价呈送本管州县分别存转。仍不时调查官中存用数目与存根核对，如契价与存根不符，及契纸已用☐

16. 根不缴者，即系官中主使漏税，应将官中斥革治罪。

17. 一、民间不用官纸作为私契，官不为据。每用官契一纸，应令买主及承典者于用钱之外，遵照直东两省旧章，另纳契纸价☐

18. 一、如有藏匿真契另誊假契减写价值，希图少纳税银，

二 文书整理

一经察出，或被卖主及官中人等告发，应照

19. 前抚宪张定章，按照契载价值发价，将田宅入官。另行估变告发之人，在变价盈余项下，提五成充赏。倘官中扶同舞弊，一经查出，

20. 照所得中用加二十倍罚。令官中交出充公，免予治罪，仍予斥革。如罚款不清，从严惩办。

21. 一、典买田房如不用官发契纸，不盖官中戳记，设遇旧业主亲族人等告发，验明原契年月系在此次新章以后，并非官纸，即将私契

22. 涂销作废，仍令改写官纸并照官纸价加五十倍罚。令业主交出充公，在罚款内五成充赏告发之人。

23. 一、此次定章以前，民间所执白契、小契，即未粘有布政司大印契尾之契，无论年分远近，统一奉到新章后一年为限，一律缴换官契，

24. 粘用契尾，照章补税，免予究罚。如逾限不税，准官中与卖主及邻佑、里书告发，将业主照律卖追，在所追半价内提五成充赏。惟换

25. 用官纸原契上出主中人向画押记，如换官纸后仍令补押恐启刁难之端，且迁徙事故，必多窒碍嗣后。前项契据，令业主自赍官

26. 纸，将原契粘连钤印，以归简易而示体恤。

27. 一、典卖田房向有中人用钱，今设立官中亦应酌分用钱。东省俗谚有成三破二之说，本非定例，今分典卖二层，如系买业，按照买价

28. 给百分中之三分，买者出二分，卖者出一分，系官中说成者，准官中分用二分，原中代笔分用一分。若原中说成者，准官中分用一

29. 分，原中代笔分用二分。如系典业，按照典价给百分中

30. 之二分，承典者出一分二厘，出典者出八厘，系官中说成者，准官中分用一

31. 分二厘，原中代笔分用八厘，若原中说成者，准官中分用八厘，原中代笔分用一分二厘，倘官中人等多索，准民告发，查实严办。

32. 一、自经税契认真稽徵，买卖房地，责令眷写官纸，民间无可隐匿，狡黠者仍多方规避，以卖作典，自光绪三十一年起，典当房地，亦应

33. 一律改用官纸，此系杜绝影射，起见除缴纸价制钱一百文外，并不征收税契银两。

34. 一、民间典买田房□，请中人说价，不拘人数多少，是谓原中，然亦有无中人彼此先说合者，自今以后，毋论有原中无原中，到立契之

35. 时，总须邀①▭▭▭▭▭▭▭▭▭▭▭▭

--（朱印）--

36. ▭▭▭苏门田氏▭▭▭房地 一亩七分九厘□坐落　本　庄

37. 东处，南至道，北至冯家，东至孔老三，西至苏平，四至分明。邀同原

38. 官 中苏立坤等官中　公同议明买价 纹银 每亩京钱叁拾吊 ，当交不欠。

39. 卖给仁和堂名下永远为业，绝无反悔。粮银壹十三分七七，照契过割，由买主（朱印）自

40. 行照例投税，如有违碍情弊，卖主一面全管。恐后无凭，填写官契为证。

41. 契 应纳粮银。

42. 　　　　　　　原中人　苏立坤

---

① 此行与下行叠印在一起，其中该行在下。

二　文书整理　　183

42.　　　　　　　　官中人

43.　　　　　　　　过付人　　戳记

44.　　　　　　　　代字人

45. 光绪三四年二月　廿五　　日立（朱印）

46.　　[布字第　　　]　号

-------------------------（朱印①）-------------------------

47.　　山东等处承宣布政使司为遵（朱印）

48.　　旨议奏事。乾隆十四年十二月二十二日奉准

49.　　户部咨开，河南布政使富　条奏：民间买卖田产，经收税银，将契尾粘连用印存贮，申送府州藩司查验，毋庸议。至于贪吏以大报小，奸民争

50.　　执讦讼，实缘法久弊生，不可不量为变通。臣等酌议：请嗣后布政司颁发给民契尾格式，编列号数，前半幅照常细书业户等姓名、买卖田房

51.　　数目、价银、税银若干，后半幅空白处预钤司印，以备投税时将契价税银数目大字填写，钤印之处，令业户看明，当面骑字截开，前幅给业户

52. **契**　收执，后幅同季册汇送布政司查核。此系一行笔迹，平分为二，大小数目委难改换。其从前州县，布政司备查，各契尾应行停止，以省繁文，庶

53.　　契尾无停搁之虞，而契价无参差之弊，于民无累，于税无亏，侵蚀可杜而争讼可息矣。又于乾隆三十一年八月二十六日奉准

54.　　户部咨开，直隶按察使裴　条奏：嗣后州县给发契尾，如田房契价在千两以下者，写数无多，应仍照旧办理，无庸申送道、府查验，其契价在

---

① 此朱印印文为"滨州之印"。

55. **民户** 千两以上者，应如该按察使所议，令各该州县将所填契尾粘连业户原契，按月申送道、府、直隶州查验，直隶州则申送该管道员查验相符，

56. 即将契尾截裁两半，定限十日发还州县，一给业户收执，一存俟汇送藩司稽核，并令各该督抚随时察访，倘州县申送而道、府、直隶州逾限

57. 不给，以及查验不力，仍有私收侵吞情弊，自应分别处分。如州县不按月申送查验及道、府、直隶州违逾定限不行给还，查明至十日以上者，

58. 罚俸六个月；二十日以上者，罚俸一年；一月以上者，降级留任。或道、府、直隶州已按期给发，该州县不即给业户收执，亦照此例议处。仍令

59. 道、府、直隶州及各州县于契尾上注明呈验并给发月日，以备查核。须至契尾者。

60. **尾** 　　　计开

61. 山东府业户光绪　年　月　日买 地房　坐落　用价银 纳税银

62. 滨州　布字六万五千一百四号，（朱印）右给业户仁和堂准此

63. 光绪卅四年十月　日右契（朱印）　　于光绪年　月　日投税，遵例粘用契尾　月　日呈验，月　日到　本查验相符骑字截开，于　月　日发回，月　日到本，于　月　日粘前幅给业户收执，契根存　汇缴

64. ＿＿＿＿＿＿＿＿＿＿＿＿＿＿＿＿＿（朱印①）

---

① 此朱印印文为"滨州之印"。

（后缺）

10. BZ・SS：010 民国七年（1918）十月十二日崔均卖地契

【题解】

此件系滨州苏氏契约文书之一，今将其编号为 BZ・SS：010，其首尾完整，上下俱全，共存文字 9 行。此件系一卖地白契，立契人为"崔均"，买主为"崔振海"。又，据第 9 行可见，此件的形成时间为"中华七年拾月十贰日"，也即中华民国七年十月十二日。另，此件虽属于滨州苏氏契约文书，但此件中土地买卖双方却均非苏氏，其个中缘由，有待探讨。

【录文】

1. 立文契人崔均，因手中空乏，将家西湟南北地
2. 　一段，计地壹亩六分，其地四至：东至苏立
3. 　福，西至汲友才，北至崔立太，南至道，四至分
4. 　明。今凭中人说合，情愿卖于崔振海永远为
5. 　业。言明价钱每亩①拾式千，其钱当交②不欠。空
6. 　口无凭，立契存据。

7. 　　　　　代字崔玉衡
8. 　　　　　中人 苏云秀
　　　　　　　　 崔连业

9. 中华七年拾月十式　日　　　　　立

---

① "每亩"，系右侧添加。
② "当交"，据文义此处应作"当日交足"，故此处有脱文。

11. BZ·SS：011 民国十二年（1923）十二月二十七日苏希元卖地契

【题解】

此件系滨州苏氏契约文书之一，今将其编号为 BZ·SS：011，其首尾完整，上下俱全，共存文字 9 行。此件系一卖地白契，立契人为"苏希元"，买主为"苏青江"。又，据第 9 行可见，此件的形成时间为"民国十二年十二月贰十七日"。

【录文】

1. 立文契人苏希元，为无钱使用，将家东
2. 　北南北地一段，计地壹亩三分三厘，其
3. 　地四至：东崔小藏，西至大道，南至卖主，
4. 　北至尹墨香，四至分明。今凭中人说妥，卖
5. 　于苏青江为业。言明大价共合①十式吊。
6. 　恐口无凭，立契为证。

7. 　　　　　　中人苏希成
8. 　　　　　　代字苏立典

9. 民国十二年十二月式十七日　　　　　立

12. BZ·SS：012 民国二十年（1931）十月二十八日苏青江卖地契

【题解】

此件系滨州苏氏契约文书之一，今将其编号为 BZ·SS：012，其首尾完整，上下俱全，共存文字 10 行。此件系一卖地白契，立契

---

① "共合"，系合文。

人为"苏青江"，买主为"苏清滨"。又，据第 10 行可见，此件的形成时间为"民国二十年十月二十八日"。

【录文】

1. 立卖契人苏青江，为无钱使，愿将家东
2. 南北地一段，计地壹亩三分三厘，其地四至：东至
3. 崔渭，西至大道，南至苏青玉，北至
4. 崔玉春，四至分明。今凭中人说妥，情愿
5. 卖于苏清滨耕种为业。言明大价共卅
6. 元，其洋当日交足不欠。恐后无凭，立契
7. 存照。
8. 　　　　中人苏乘云
9. 　　　　代字人苏焕章

10. 民国二十年十月二十八日　　　　　　立

13. BZ·SS：013 民国二十年（1931）十二月初五日三合堂卖地契（附民国年间买契纸）

【题解】

此件系滨州苏氏契约文书之一，今将其编号为 BZ·SS：013，其由两纸黏连而成，共存文字 18 行，其中第一纸首缺尾完，上下俱全，共存文字 12 行，有边栏，由印刷体与手写体文字共同构成。第二纸首尾完整，上下俱全，共存文字 6 行。另外，第一纸前部钤盖朱印两枚，其印文不明，后部时间处钤盖朱印一枚，其印文为"山东省财政厅印"。第二纸前部下方，后部时间处各钤盖朱印一枚，其印文均为"滨县县政府印"。另，两纸粘连处亦钤有朱印，其印文也为"滨县县政府印"。另，第一纸上方钤盖蓝戳数字，此数字当系此"买契纸"之编号。

从文中所载内容知，此件第一纸当属于官方"买契纸"，为投税证明，投税时间为"中华民国□□年四月　日"。第二纸则是卖地人"三合堂"与买主"苏清滨"订立的卖地契，且由第 18 行可知，此契形成于"民国二十年十二月初五日"。

【录文】

（前缺）

1. 　　滨县　收税洋（朱印）　　百　十　元肆角（朱印）□分

2. 　　山东省政府财政厅为发给契纸事。查民间价买田房，无论军屯卫灶，一律

3. 　　均应照契价百分之六纳税，并随收纸价银元五角，注册费银元一角，其有

4. 买　故违定章延不投税，或减写契价者，一经查觉补税以外，并须照章处罚，历

5. 　　经各县遵办在案。兹据　县 乡城集 庄业户　苏清滨

6. 契① 　报称，年　月　日价买　名下坐落 乡城集 庄 地房 一段所，计 地房

7. 　　间,合地　亩　分　厘　毫，弓步列后。实用价 钱银 合银元　千

8. 　　百九十九元　角　分，应缴六分。税银元　百　十　元　角

----

① "契"，该字下钤盖蓝戳数字"34549"。

9. 分，并纸价银元五角，注册费一角，请准完税注册粘发契纸为据，除照价核

10. 收税款并注明本县　字第　号册外，合行发给新契纸收执为据。

11. **纸**　　　　　计开

12. 　　中华民国（朱印①）□□年四月　日
---------------------------------（朱印②）---------------------------------

13. 立文契人三合堂，因无钱使用，将家东南北地一段，计地一亩八分，其地

14. 　　东至□姓，西至苏长山，南至大道，北至崔连柱，四至分明。凭中说妥，卖

15. 　　于苏清滨永远为业。每亩价钱（朱印③）伍拾伍元，其钱当日交足。恐后无

16. 　　凭，立文契为证。

17. 　　　　　　　　中人苏　希礼
　　　　　　　　　　　　　立阁
　　　　　　　　　　　　　长山
　　　　　　　　　　　　　清魁

18. 民国二十年十二月初五日（朱印④）　　　　立

---

① 此朱印印文为"山东省财政厅印"。
② 此朱印印文为"滨县县政府印"。
③ 此朱印印文为"滨县县政府印"。
④ 此朱印印文为"滨县县政府印"。

14. BZ·SS：014 民国二十二年（1933）阴历八月十五日苏立典卖场契

【题解】

此件系滨州苏氏契约文书之一，今将其编号为BZ·SS：014，其首尾完整，上下俱全，共存文字9行。此件系一卖场白契，立契人为"苏立典"，买主为"苏青彬"。又，据第9行可见，此件的形成时间为"民国式拾式年阴八月十五日"。

【录文】

1. 立文契人苏立典，为无钱使用，将东场南北场壹段，计地肆

2. 分柒厘六毫，其地四至：东至买主，西至苏立庆，南至大道，北至

3. 卖主，四至分明。今凭中人苏连疆等说妥，情愿卖于舍侄青彬

4. 名下耕种，永远为业。言明大价，每分大洋叁元，其洋当

5. 面交足，分文不欠。恐后无凭，立字为证。

6. 　　　　　代字苏翔云

7. 　　　　中人苏　连疆
　　　　　　　　凌云
　　　　　　　　立文

8. 　　　场无粮价，银无利息。

9. 民国式拾式年阴八月十五日苏立典　　　　立

15. BZ·SS：015 民国廿七年（1938）九月十三日苏盛信卖地契

【题解】

此件系滨州苏氏契约文书之一，今将其编号为 BZ·SS：015，其首尾完整，上下俱全，共存文字 9 行。此件系一卖地白契，立契人为"苏盛信"，买主为"苏清彬"。又，据第 9 行可见，此件的形成时间为"中华民国廿七年九月十三日"。

【录文】

1. 立卖契人苏盛信，因无钱使用，将家东北南北地一段，计地
2. 九分九厘，其地四至：南至不齐，北至王福成，西至芦福林，南
3. 至不齐，东至大道，四至分明。今凭中人说合，情愿卖于苏清彬
4. 耕种为业。言明大价共合廿元，当日交足，一文不欠。恐空口无凭，
5. 立字为证。
6. 地无银，今凭中合作价十六元。恐空口无凭，立字为证。

7. 　　　　　　　　　　　中人 苏墨云
　　　　　　　　　　　　　　孙召南

8. 　　　　　　　　　　　代字苏清和

9. 中华民国廿七年九月十三日　　　　　　立

16. BZ·SS:016 民国三十年（1941）九月初五日崔克山换地契

【题解】

此件系滨州苏氏契约文书之一，今将其编号为 BZ·SS:016，其首尾完整，上下俱全，共存文字 13 行，其中第 13 行为大字书写，但仅存文字右半。此件系一换地白契，换地人"崔克山"因地形问题与"苏泽深"进行了田地交换，交换时间为"中华民国叁拾年九月初五日"。另外，根据相关文字所在位置推断，文中的"中人""马善庆"可能亦为"代字"人。

【录文】

1. 　　立换契人崔克山，因为胡家坟地地①形太弱
2. 　　　无有车道，出进不便，与苏泽深商议换
3. 　　　地，以作车道。所用自己北头南北地壹段换
4. 　　　于苏泽深。苏泽深地亩原数连自己换的地亩数
5. 　　　共合壹亩叁分叁厘，以后任凭苏泽深耕种，
6. 　　　永远为业。苏泽深南头地成了自己车道，不
7. 　　　须反覆。恐后无凭，立字为证。
8. 　　　其地四至：
9. 　东至苏清汉，北至崔鸿立，　中人　苏德盛　崔克良　马善庆
10. 　　西至大道，　　　　　　　代字
11. 　　南至苏清汉。　　　　　　以前文契无效。

12. 　　中华民国叁拾年九月初五日　　　　　　立

---

① 第二个"地"，系重文符号，今录正。

13. 中华民国卅年□□□①

17. BZ·SS：017 民国某年某月某日伯母卖田宅场园契

【题解】

此件系滨州苏氏契约文书之一，今将其编号为BZ·SS：017，其首尾完整，上下俱全，用红纸书写，共存文字12行，其中第12行为浓墨大字，但仅存文字右半。此件系一卖田宅等的白契，据第1行可知，此契的立契人为"伯母"，系其将有关土地、宅、长园，也即"场园"等，以"价洋一百元"的价格卖与"胞侄妇"。据第12行推测，此件的形成时间当在民国时期。另，此件属于滨州苏氏契约文书，故推测文中所指的"胞侄"有可能为苏氏。

【录文】

1. 立字人伯母，因为胞侄②病故，家有遗妻户氏、遗
2. 　子头信不能度日，伯母慈给胞侄妇
3. 　家后大玗下漥③地一段，计地三亩。道南主宅一位，
4. 　宅西榆树二科④，当面应许。胞叔说出，家
5. 　东道南⑤东边长⑥园一段，计长园五分
6. 　正，愿将枣树十科，当面说明。胞叔立典
7. 　说出，不许。胞侄卒，当下余榆榔二树，不许，
8. 　说出家南坟地行使，胞叔不许，卒，当同族
9. 　亲友等说明。恐口无凭，立字为证。

---

① 该行文字为大字浓墨书写，存右半。
② "胞侄"，系右侧插入语。
③ "下漥"，系右侧插入语。
④ "科"，据文义该字当作"颗"，以下同此，不另说明。
⑤ "南"，系右侧插入语。
⑥ "长"，据文义该字当作"场"，以下同此，不另说明。

10.　　　上边地一亩，价洋一百元。
11.　　　　　　事中人苏希魁　步云

12.　民国□□年□□月□□□日立①

18. BZ·SS：018 一九四九年十二月廿三日崔克良卖地契

【题解】

　　此件系滨州苏氏契约文书之一，今将其编号为BZ·SS：018，其首尾完整，上下俱全，共存文字8行。此件系一卖地白契，立契人为"崔克良"，买主不详。因此件属于滨州苏氏契约文书，故推测此件所涉土地的"买主"可能为苏氏某人。又，据第7、8行可见，此件的形成时间是在中华人民共和国刚刚建立之年，也即一九四九年，但契约的书写者却不清楚应该是按中国人民共和国纪年，还是继续按民国纪年，故在文末既写了"中国人民共合国"，又写了"民国叁拾捌年十贰月廿三日"。

【录文】

1.　立卖契人崔克良，因为无钱使用，愿将西湟南北
2.　　地壹段，计地壹亩陆分正，其地四至：东至苏立田，西至
3.　崔连柱，北至崔振声，南至大道，四至分明。今凭
4.　中人说明，每亩黑豆壹石壹斗，其豆当日交足。
5.　恐口无凭，立文契为证。
　　　　　　　　　　　　　　苏立庆
6.　　　　　　　　　　中人　苏汉滨
　　　　　　　　　　　　　　崔振水

---

①　该行文字为大字，存左半。

7. 中华人民共合①国

8.　民国叁拾捌年十弍　月廿三日　　　　　　　　立

19. BZ·SS：019 一九五一年一月廿九日苏泽申土地房产所有证

【题解】

此件系滨州苏氏契约文书之一，今将其编号为BZ·SS：019，其首缺尾完，上下俱全，有边栏，其内容由相关文字及表格构成，相关文字既有印刷体，也有手写体。据此件的表头可知，此件当系一"土地房产所有证"。此证的颁发对象为"苏泽申"，颁发时间为"一九五一年一月廿九日"。此件前部及后部时间处均钤盖有朱印，其中后部所钤朱印印文为"滨县人民政府印"。另，此件还在"县长"后钤盖朱戳人名，故由以上判断，此件当系滨县人民政府所发。此外，此件在左下角又钤盖朱戳文字"注销"二字，由此推测，此件或已被官方作废。

另，此件的时间、内容均与BZ·SS：020相关，且格式亦与之亦同，仅两件的编号有别。

【录文】

　　　　　　　　　　（前缺）

-------------------------------（朱印）-------------------------------

1.　　　致字第零肆叁玖捌　　　　号

2.　　山东省土地房产所有证　　致字第肆叁玖捌号

3. 土　滨县六区后苏村居民苏泽申

4.　　依据中国人民政治协商会议共同纲领第二十七条"保
　　　护农民已得土地所有权"之规

---

① "合"，据文义该字当作"和"。另，该句原未写完。

5. 地　　定，确定 ^(本户全家/本　人) 所有土地共计 ^(可耕地：十五亩三分一厘一毫①)_(非耕地：)，房产共

6. 　　计房屋十二间，地基叁段贰亩一分二厘四毫②，作为 ^(本户全家/本　人) 私有产业，

7. 房　　有耕种、居住、典卖、转让、赠与等完全自由，任何人不得侵犯，特给此证。

8. 　　　　　县长　　　　　（朱戳③）

9. 产　　计开

		座落	种类	亩数	四至				长宽尺度	附属物	备考
所有证	土地	注地南北地	白土	肆亩七分	东至西	苏长山 苏圣文	南至北	道 苏汗云	南北长九伯④五十三尺 东西宽二十九尺七寸八	沟占	三分二厘三毫
		东洼南北地	红土	贰亩五分八厘九毫	东至西	冯在德 苏立各	南至北	道 崔连柱	南北长五伯一十四尺六寸七 东西宽三十尺一寸八		
		第二段	红土	〇亩三分八厘三毫	东至西	冯在德 苏立各	南至北	道 崔连柱	南北长八十二尺六寸 东西宽三十一尺七寸七		
		庄东北胡家坟	白壤	贰亩九厘三毫	东至西	苏清汗 六道	南至北	苏清汗 崔洪利	南北长一伯九十五尺〇七 东西宽六十四尺一寸七		
		庄东北屋□把	白土	壹亩五分八毫	东至西	道 芦姓	南至北	苏泽永 芦姓	南北长一伯一十六尺九寸 东西宽九十四尺五寸二		

---

① 此处原作"可耕地：八段拾五亩六分三厘七毫"，后划掉在其上面手写为"可耕地：十五亩三分一厘一"。另，原作："非耕地：二段壹亩四分九厘九毫"，后将"二段壹亩四分九厘九毫"划掉。划掉部分，今不录。

② 此处原作："一段〇亩六分二厘五毫"后把"六分二厘五毫"，后划掉在其上面手写为"叁　贰亩一分二厘四"。划掉部分，今不录。

③ 此朱戳文字为"李鞏"。

④ "伯"，据文义该字当作"百"，以下同此，不另说明。

续表

	座落	种类	亩数	四至	长宽尺度	附属物	备考
土地	庄南南北地	白土	〇亩五分七厘二毫	东至西 道 苏田氏 南至北 道 苏立各	南北长五十四尺二寸 东西宽六十三尺五寸四		
	庄东南北地	红土	〇亩八分八厘六毫	东至西 道 苏连仲 南至北 道 苏田氏	南北长二伯一十六尺 东西宽二十四尺六寸二	道占	壹分六厘贰毫
	座落	种类	间数	地基亩数	地基四至	地基长宽尺度	附属物	备考
房产	道北宅基	平屋	拾贰	亩六分二厘五毫	东至西 湾 伙向① 南至北 苏呈云 沟	东西长七十六尺六寸四五 南北宽四十九尺二寸四		此地卖于苏步云二分〇一毫（朱戳②）
				亩				

一九五一年一月廿九日（朱印③）　　　　　　　发

20. BZ·SS：020 一九五一年一月廿九日苏泽申土地房产所有证

【题解】

此件系滨州苏氏契约文书之一，今将其编号为 BZ·SS：020，其首缺尾完，上下俱全，有边栏，其内容由相关文字及表格构成，

---

① "向"，据文义该字当作"巷"。
② 此朱戳文字为"注销"。
③ 此朱印印文为"滨县人民政府印"。

相关文字既有印刷体，也有手写体。据此件表头可知，此件当系一"土地房产所有证"。此证的颁发对象为"苏泽申"，颁发时间为"一九五一年一月廿九日"。另，此件前部及后部时间处均钤盖朱印，其中后部所钤朱印印文为"滨县人民政府印"。另，此件还在"县长"后钤盖朱戳人名，故由以上判断，此件当系滨县人民政府所发。

另，此件在表格"庄东场园""第二段"两行的上方，均写有一"废"字，且在该字之上钤盖了相关人员的签章，疑似显示，这两行所涉内容作废。而在"贰亩九分六毫"上方也钤盖有关人员的签章，但未书任何文字，此或为相关人员核实有关内容后所钤。

【录文】

　　　　　　　　　　　　（前缺）

-------------------------------------（朱印）-------------------------------------

1.　　　致字第零肆叁玖玖　　　　　　号

2.　　山东省土地房产所有证　　　　致字第肆叁玖玖号

3. 土　滨县六区后苏村居民苏泽申

4.　　依据中国人民政治协商会议共同纲领第二十七条"保护农民已得土地所有权"之规

5. 地　定，确定^{本户全家}所有土地共计　可耕地：拾五亩叁分一厘一毫① 房
　　　　　　本　人　　　　　　　　　　非耕地：
　　　产共

6.　　计房屋十二间，地基三段贰亩一分二厘四毫②，均作为^{本户全家}私有产业，
　　　　　　　　　　　　　　　　　　　　　　　　　本　人

7. 房　有耕种、居住、典卖、转让、赠与等完全自由，任何人不得侵犯，特给此证。

---

① "可耕地"原作"八段十五亩六分三厘七毫"，今改作"拾五亩叁分一厘一毫"。"非耕地"，原作"二段壹亩四分九厘九毫"，后删除。

② 此句原作"地基一段〇亩六分二厘五毫"。

8.　　　　　　　　　县　长　　　（朱戳①）

9. **产**　　　　　　计开

	座落	种类	亩数	四至	长宽尺度	附属物	备考
土废(朱印②)废(朱印③)地	西洼南北地	沙土	贰亩九分六毫(朱印④)	东　苏立田　南　道 至　　　　　　至 西　崔玉芬　北　崔珍	南北长九伯⑤〇七尺 东西宽十九尺六寸		实有亩式亩五分八
	庄东场园		〇亩八分二厘五毫	东　苏呈云　北 至　　　　　至道 西　不齐　　南	南北长一伯八十四尺二寸 东西宽二十七尺	树	
	第二段		亩六分七厘四毫	东　苏呈云　北 至　　　　　至道 西　不齐　　南	南北长一伯三十三尺四寸 东西宽三十尺一寸八		
所有证			亩				
			亩				
			亩				
			亩				
	座落	种类	间数	地基亩数	地基四至	地基长宽尺度	附属物	备考
房产	庄东场园			〇亩八分二厘五	东　苏呈云　北 至　　　　　至道 西　不齐　　南	长壹伯八十四尺式寸 宽式拾柒尺		
	庄东场园			〇亩六分七厘四	东　苏呈云 至　　　南北至道 西　不齐	长壹伯三十三尺四寸 宽二十尺一寸八		

一九五一年一月廿九日（朱印⑥）　　　　　发

---

① 此朱戳文字为"李犟"。
② "废"，该字上钤盖朱印印文为"李玉符章"。
③ "废"，该字上钤盖朱印印文为"李玉符章"。
④ 此朱印印文为"李玉符章"。
⑤ "伯"，据文义该字当作"百"，以下同此，不另说明。
⑥ 此朱印印文为"滨县人民政府印"。

21. BZ·SS：021 一九五三年正月十日崔玉岩卖地契

【题解】

此件系滨州苏氏契约文书之一，今将其编号为 BZ·SS：021，其首尾完整，上下俱全，共存文字 7 行，此件除墨书外，还有多处朱书，且第 5、6 行的"弓步"数与其他文字笔迹不同，应系另笔添加。此件系一卖地白契，立契人为"崔玉岩"，买主为"苏泽申"。又，据第 7 行可见，此件的形成时间为"公元一九五三年正月十日"。

【录文】

1. 立卖契人崔玉岩，因乏手，愿将家①西南北地一段，计数
2. 壹亩，其地四至：南至大道，北至崔小屯，东至卖主，四至分
3. 明。凭中说妥，情愿卖于苏泽申永远为业。言明大
4. 价豆子二石一斗，当日交足不欠。恐后无凭，立契存照。
5. 长可二十步②。
6. 横可十二步③。　　中人 崔小四　　代字人苏盛文
　　　　　　　　　　　　苏成云

7. 公元一九五三年正月十日　　　　　立

---

① "家"，系右侧插入语。
② "二十步"，原作"十九步三尺七寸"，后用朱笔笔改写。另，该句右侧，另有朱笔所写阿拉伯数字"85.49""125949"。
③ 该句上方用红笔写有阿拉伯数字"1.595"，下方写有阿拉伯数字"95.3"。

22. BZ・SS：022 一九五三年正月十日崔克昌卖地契

【题解】

此件系滨州苏氏契约文书之一，今将其编号为 BZ・SS：022，其首尾完整，上下俱全，共存文字 13 行。此件系一卖地白契，立契人为"崔克昌"，买主为"苏泽申"。又，据第 13 行可见，此件的形成时间为"公元一九五三年正月十日"。

【录文】

1. 立卖契人崔克昌，因耕种不便，愿将家东北南北地六段，计地二亩六分

2. 九厘五毫，其地四至：东至苏长仁，西至崔克山，南至大道，北至芦姓，四至分明。今凭

3. 中人说妥，卖于苏泽申耕种为业。言明大价共合豆子一石八斗，其豆当日

4. 交足不欠。恐后无凭，立契为证。

5. 长可卅六步二尺五寸。长可四步。中人苏 汉云 禄云 成云 盛棠 崔保冬

6. 南横四步一尺七寸。　横三步二尺。

7. 北横三步二尺五寸。　南长十三步一尺四寸。

8. 长五十二步二尺。　北长廿步三尺。

9. 南横可五步。　横八步二尺。　代字人苏战文

10. 北横四步一尺。

11. 长五步。　长十一步二尺六寸。

12. 横可七步二尺七寸。　横四步二尺。

13. 公元一九五三年　正月　十日　　　　　　立

23. BZ·SS：023 一九五三年正月十日崔克昌卖地契

【题解】

此件系滨州苏氏契约文书之一，今将其编号为 BZ·SS：023，其首尾完整，上下俱全，共存文字 7 行，其中第 6 行下方有逆书小字，且此小字系另笔添加。此件系一卖地白契，立契人为"崔克昌"，买主为"苏泽申"。又，据第 7 行可见，此件的形成时间为"公元一九五三年正月十日"。

【录文】

1. 立卖契人崔克昌，因为耕种不便，愿将家东北南
2. 北地四段，共计数叁亩二分正，其地四至：南至大道，北至
3. 芦姓，西至崔克山，东至 苏汗云 苏长儒，四至分明。今凭中人说
4. 妥，情愿卖于苏泽申永远为业。言明大价共黑豆
5. 二石四斗，当日同中交足不欠。恐后无凭，立契存照。

6. 代字人苏焕章　　中人　苏汗云 苏路云 崔保东　　苏 盛棠 成云　　壹石捌斗①

7. 公元一九五三年正月十日　　　　　立

---

① 此四字为另笔、小字，横书。

24. BZ·SS：024 一九五三年二月十日崔克昌卖地契（附一九五六年买卖契纸）

【题解】

此件系滨州苏氏契约文书之一，今将其编号为 BZ·SS：024，其由两纸粘连而成，第一纸首缺尾完，上下俱全，有边栏，共存文字 21 行，由印刷体及手写体文字共同构成。第二纸首尾完整，上下俱全，系一表格，有边栏及丝栏，亦由印刷体及手写体文字共同构成。两纸粘连处钤盖朱印一枚，其印文为"滨县人民政府契税专用印"。第二纸前部钤盖朱印一枚，但因被第一纸裱压，其印文不明，后部时间处亦钤盖朱印一枚，其印文也为"滨县人民政府契税专用印"。另，此件还钤盖多处朱戳文字及相关人员签章，又有所按手印多处。另，两纸上方均载有相关阿拉伯数字，其中第一纸为手写，第二纸为刷印，相关数字当为两纸之编号。

由文中所载内容可知，此件是相关卖地契，卖主为"崔克昌"，买主为"苏泽申"，而此件的第一纸系"滨县房地产买卖草契纸"，第二纸为"山东滨县人民政府买卖契纸"，虽然第一纸载其为"草契"，但也编有字号，且是在已经印刷好的契纸上进行的填写，这反映出，这一时期即使是"草契"也有了统一格式，并受到了官方管理。另，此件中"草契"的形成时间，据第 22 行等可知，是在"一九五三年二月十日"，而"苏泽申"正式投税之后的时间，据第二纸最后一行可知，则是在"一九五六年一月十七日"。

【录文】

（前缺）

1. 市 村 房 所 　计

2. 滨 房屋　间，计地市亩肆亩弍分肆厘肆毫（有非耕地〇亩〇分〇厘〇

3. 　　毫）自愿卖与滨（县/市）六区冯胡乡后苏（街/村）苏泽申名下为业，立契为证。

4. 县　计开　　　长三四八.二五尺　宽二六.六七尺　长二五.一尺

5. 　　　　　　　长　　　尺　宽三一.三七尺　宽二一.九六尺折半

6. 房 一、科　步　长二二九.八一尺　宽二二.七五尺　长七三.一尺

7. 　　长四八.一六尺　长　　　尺　宽二七.七六尺　宽二八.二四尺

8. 地　宽三一.三七尺　南长八三.七八尺　宽五三.三三尺
　　　　　　　　　　　北长一三〇.二尺　宽

9. 　　二、四至　东苏长仁，西崔克山，南大道，北芦姓。

10. 产　三、土地等级　劣级

11. 　　四、房屋种类

12. 买　五、卖　价　伍拾万零柒仟元

13. 　　六、典　期　自　年　月　日起
　　　　　　　　　至　年　月　日止

14. 卖　七、随带原契　弍张

15. 　　八、其　它

16. 草①　　监证机关　　（盖章）立契人崔克昌（手印）（签名/盖章）

17. 　　　（蓝戳②）　　　　　　现住六区冯胡乡前苏村

18. 契　　四　邻　苏长仁（手印）李侣周（签名/盖章）
　　　　　　　　　崔克山（手印）芦　姓
　　　　　　　　　崔保东（手印）
　　　　　　　　　路云（手印）

19. 纸　证明人　苏汉云（手印）（签名/盖章）
　　　　　　　　成云（手印）
　　　　　　　　盛棠（手印）

---

① "草"，该字上方有小字"滨字第21753号"。其中"21753"为手写，其余文字为印刷体。
② 此蓝戳文字为"滨县第六区冯胡乡人民政府"。

二　文书整理　　205

20.　　　　　　填发人苏庆和　　（签名盖章）

21.　　一　九　五　三　年　二　月　十　日
-------------------------（朱印①）-------------------------
　　　　滨字第零贰壹柒伍叁号（朱印）

山东省滨县人民政府买卖②契纸	买地人	姓名	苏泽申	卖地人	姓名	崔克昌
		住址	六区冯胡乡后苏		住址	冯胡乡后苏
	地类	□田	地段　□段	契价		伍拾元零柒角
	坐落	六区三户乡吉家		应征税率		百分之六
	四至	东至苏长仁　南至大道		应纳税额		叁元零肆角
		西至□□□　北至□□		契纸工本费		壹角
	耕地市亩数	一长三四八．二五尺　宽二六．六七尺		四邻		苏长仁　李佋周　崔克山　芦姓
		二长　　　尺　宽三一．三七尺				
		三长二二九．八一尺　宽二二．七五尺		证明人		路苏汗云　苏盛唐成
		四长　　　尺　宽二七．七六尺				
		长八三．七八　恒五三．三三				
		长四八．一六　恒三一．三七　一三〇．二				
		长二五．一　恒二一．九六		收据字号		
		长七三．一　恒二八．一四				
		合市亩　肆亩贰分肆厘肆毫				

① 此朱印印文为"滨县人民政府契税专用印"。
② "买卖"二字，系朱戳文字。

非耕地亩数	有　亩　分　厘　毫	原契张数	
土地等级	劣级	监证机关	
房屋种类间数	房　间	附记	
立契日期	一九五三年二月十日		

按业户已照章纳税为保障产权，特发给契纸，以资执据。

右　给　苏泽申　收执

（朱印①）

填发机关　（朱印②）（盖章）

经征人　（朱印③）（盖章）

一 九 五 六 年 一 月 十 七 日

---

① 此朱印印文为"滨县人民政府契税专用印"。
② 此朱印印文为"滨县人民政府财政红契税专用章"。
③ 此朱印印文为"□□玉亭"。

参考文献

一 古籍

（汉）司马迁：《史记》，中华书局1959年版。
（后晋）刘昫等：《旧唐书》，中华书局1975年版。
（元）脱脱：《宋史》，中华书局1977年版。
（宋）司马光：《资治通鉴》，中华书局1956年版。
（清）张廷玉：《明史》，中华书局1974年版。
（民国）赵尔巽：《清史稿》，中华书局1977年版。
《周礼注疏》，中华书局1980年版。
（唐）白居易：《白氏六帖事类集》，文物出版社1987年版。
（唐）白居易原著，（宋）孔传续撰：《白孔六帖》，文渊阁《四库全书》子部，第892册，台湾商务印书馆1986年版。
（唐）李筌：《太白阴经》，文渊阁《四库全书》子部，第726册，台湾商务印书馆1986年版。
（唐）杜佑著，王文锦等点校：《通典》，中华书局1988年版。
（唐）李吉甫：《元和郡县图志》，中华书局1983年版。
（唐）张鷟：《朝野佥载》，中华书局1979年版。
［日］圆仁著，白化文等校注：《入唐求法巡礼行记校注》，花山文艺出版社1992年版。
（宋）乐史：《太平寰宇记》，中华书局2007年版。
（宋）王存著，王文楚等点校：《元丰九域志》，中华书局1984年版。
（宋）李焘：《续资治通鉴长编》，中华书局1995年版。

（宋）赞宁撰，范祥雍点校：《宋高僧传》，中华书局1987年版。
（清）徐松辑，刘琳等校点：《宋会要辑稿》，上海古籍出版社2014年版。
（宋）洪迈：《夷坚志》，中华书局1981年版。
（宋）苏轼：《王荀龙知棣州制》，《全宋文》，上海辞书出版社、安徽教育出版社2006年版。
（宋）罗濬：《宝庆四明志》，文渊阁《四库全书》史部，第487册，台湾商务印书馆1986年版。
（宋）祝穆著，施和金点校：《方舆胜览》，中华书局2003年版。
（宋）谢深甫等纂修：《庆元条法事类》，《续修四库全书》史部·政书类，第861册，上海古籍出版社2002年版。
《明神宗实录》，台北"中研院"史语所校印1962年版。
怀效锋点校：《大明律》，法律出版社1999年版。
（清）李熙龄编：咸丰《滨州志》，成文出版社1976年版。
（清）杜堮：《石画龛论述》，《四库未收书集刊》第九辑，第13册，北京出版社2000年版。
（清）杜翰等：《杜文正公年谱》，1859年刻本。
《清高宗实录》，中华书局1986年版。
《清宣宗实录》，中华书局1986年版。
《清穆宗实录》，中华书局1986年版。
《钦定大清会典事例》，《续修四库全书》史部·政书类，第808—810册，上海古籍出版社2002年版。
《钦定大清会典则例》，文渊阁《四库全书》史部，第623册，台湾商务印书馆1986年版。
《钦定皇朝文献通考》，文渊阁《四库全书》史部，第636册，台湾商务印书馆1986年版。

二　档案

（清）彰宝：《咨明重要公文特用传牌驰递事》，中国第一历史档案馆，档案号：03—1109—064。

（清）裕诚：《呈驿站接递奏折传牌延迟各件清单》，中国第一历史档案馆，档案号：03—4516—019。

（清）邵亨豫：《奏为查明芷江县接递云南巡抚送题本因马夫中途跌毙传牌遗失以致误投兵部事》，中国第一历史档案馆，档案号：03—7302—009。

张伟仁：《明清档案》，联经出版事业有限公司1986年版。

三 著作

邵阳、罗介邱：《山东现行财政法规统诠》，济南五三美术印刷社1930年版。

傅衣凌：《福建佃农经济史丛考》，福建协和大学中国文化研究会1944年版。

天理图书馆编：《天理图书馆稀书目录·和汉书之部第三》，《天理图书馆丛书》第二十五辑，天理图书馆1960年版。

张澍辑：《诸葛亮集》，中华书局1974年版。

山西大学晋冀鲁豫边区史研究组：《晋冀鲁豫边区史料选编》第一辑，内部资料1980年版。

国家文物局文献研究室等编：《吐鲁番出土文书》，文物出版社1981年版。

郭道扬：《中国会计史稿》，中国财政经济出版社1982年版。

张传玺：《秦汉问题研究》，北京大学出版社1985年版。

张海鹏等：《明清徽商资料选编》，黄山书社1985年版。

《连平县文物志》，连平县博物馆1986年版。

唐耕耦、陆宏基：《敦煌社会经济文献真迹释录》，全国图书馆文献缩微复制中心1990年版。

中国社会科学院历史研究所：《明清徽州社会经济资料丛编》，中国社会科学出版社1990年版。

王玉钦、周绍泉主编：《徽州千年契约文书》，花山文艺出版社1993

年版。

冻国栋:《唐代人口问题研究》,武汉大学出版社1993年版。

汪圣铎:《两宋财政史》,中华书局1995年版。

齐武:《晋冀鲁豫边区史》,当代中国出版社1995年版。

赵秀山:《抗日战争时期晋冀鲁豫边区财政经济史》,中国财政经济出版社1995年版。

陈寅恪:《唐代政治史论述稿》,生活·读书·新知三联书店2001年版。

陈寅恪:《陈垣敦煌劫余录序》,《金明馆丛稿二编》,生活·读书·新知三联书店2001年版。

李华瑞:《宋代酒的生产与征榷》,河北大学出版社2001年版。

方宝璋:《宋代财经监督研究》,中国审计出版社2001年版。

林则徐全集编辑委员会:《林则徐全集》,海峡文艺出版社2002年版。

上海古籍出版社等编:《法藏敦煌西域文献》,上海古籍出版社2003年版。

侯玉杰等:《滨州杜氏家族研究》,齐鲁书社2003年版。

李景涛:《宋代商税问题研究》,云南大学出版社2005年版。

黄天华:《中国税收制度史》,华东师范大学出版社2007年版。

储敖生:《华夏土地证集萃》,黑龙江人民出版社2007年版。

[日]池田温:《中国古代籍帐研究》,中华书局2007年版。

王永平:《六朝家族》,南京出版社2008年版。

安作璋:《山东通史》(宋金元卷),人民出版社2009年版。

张德义、郝毅生:《中国历代土地契证》,河北大学出版社2009年版。

王永平:《东晋南朝家族文化史论丛》,广陵书社2010年版。

孙继民、魏琳:《南宋舒州公牍佚简整理与研究》,上海古籍出版社2011年版。

王丽:《三晋石刻大全·晋城市泽州县卷》,三晋出版社2012年版。

杜立晖、刘雪燕：《家族·文化·社会：明清黄河三角洲杜氏家族文化研究》，天津古籍出版社 2013 年版。

刘新云主编：《济南警察博物馆丛书·契约文书》，山东人民出版社 2014 年版。

谢重光：《中古佛教僧官制度和社会生活》，商务印书馆 2015 年版。

康香阁主编：《太行山文书精粹》，文物出版社 2017 年版。

易福平主编：《万篆楼藏契》，广西师范大学出版社 2018 年版。

杨国桢：《明清土地契约文书研究》，北京师范大学出版社 2021 年第三版。

四　论文

［日］金子和正：《白氏六帖事类集纸背の宋代公牍文》，《ビブリア》第八号，天理图书馆 1957 年版。

［日］竺沙雅章：《汉籍纸背文书の研究》，《京都大学文学部研究纪要》第 14 号，京都大学 1973 年版。

汪圣铎：《从钱会中半看会子的法偿地位及其影响》，《中国钱币》1987 年第 2 期。

瞿冕良：《略论古籍善本的公文纸印、抄本》，《山东图书馆季刊》1992 年第 2 期。

彭文宇：《清代福建田产典当研究》，《中国经济史研究》1992 年第 3 期。

［日］砺波护著，龚卫国译：《入唐僧带来的公验和过所》，《魏晋南北朝隋唐史资料》第 13 辑，武汉大学出版社 1994 年版。

何平：《论清代赋役制度的定额化特点》，《北京社会科学》1997 年第 2 期。

郑显文：《唐代〈僧道格〉及其复原之研究》，《普门学报》2004 年第 20 期。

李玉生：《唐代法律体系研究》，《法学家》2004 年第 5 期。

翁有为：《抗日根据地政权建设中的重要地方制度：行政督察专员制

度》,《中共党史研究》2004年第2期。

林枫:《清代徽州赋役户名的私相授受》,《中国经济问题》2004年第5期。

王义康:《唐河北藩镇时期人口问题试探》,《河南社会科学》2005年第1期。

郭圣福:《中国革命和建设时期的农会》,《天府新论》2007年第6期。

武志军、曹阳:《中国档案文献遗产选刊之二十三——清代吉林公文邮递实寄邮件》,《湖北档案》2007年第12期。

李宗勋、陈建红:《圆仁的〈入唐求法巡礼行记〉与九世纪东亚海上通交》,《新疆学刊》2008年第2期。

宋少珍:《河北省国家档案馆清档珍藏——清代信票、宪牌、宪票一览》,《档案天地》2008年第5期。

刘再聪:《"在田野者为村"——以〈入唐求法巡礼行记〉为中心的考察》,《中国农史》2010年第1期。

刘道胜、凌桂萍:《明清徽州分家阄书与民间继承关系》,《安徽师范大学学报》(人文社会科学版)2010年第2期。

王丽萍:《圆仁〈入唐求法巡礼行记〉中国早期流布考》,《浙江大学学报》(人文社会科学版)2011年第6期。

陈尚胜:《东亚贸易体系形成与封贡体制衰落——以唐后期登州港为中心》,《清华大学学报》(哲学社会科学版)2012年第4期。

陈利娜:《魏晋南北朝家学兴盛的表现及其影响》,《岳阳职业技术学院学报》2012年第5期。

李凌云:《〈入唐求法巡礼行记〉与〈马可波罗游记〉比较研究》,《日本研究》2013年第1期。

杨宝玉:《敦煌藏经洞所出两件度牒相关文书研究》,《吐鲁番学研究》2013年第2期。

汪超:《宋代士人家学、主客与师承关系析论》,《江西教育学院学报》2013年第2期。

倪静雯：《清末山东广饶杜氏家族分家文书探析》，《中国农史》2013年第4期。

陆建猷：《中国传统家学的现代参鉴价值》，《社会科学》2013年第5期。

倪静雯：《清末山东农村家族财产代际传递研究——以广饶杜氏家族地契、分家书和继单为例》，《中国农史》2013年第6期。

纳春英：《圆仁视野中晚唐长安平民男子的服饰——以〈入唐求法巡礼行记〉为中心的考察》，《唐史论丛》第17辑，陕西师范大学出版社2014年版。

秦海滢：《明清时期山东宗族分家析产与财产纠纷》，《东北师大学报》（哲学社会科学版）2014年第3期。

武世平：《档案记载宣化县清代晚期至民国年间赋税》，《档案天地》2014年第4期。

严耀中：《〈法显传〉与〈入唐求法巡礼行记〉》，《欧亚学刊》新3辑（总13辑），商务印书馆2015年版。

李宇：《晋冀鲁豫边区的契约文书》，《党史文汇》2015年第3期。

崔宏艳：《李白家学渊源考论》，《绵阳师范学院学报》2015年第3期。

李久学：《家学对曾国藩理学思想形成的影响》，《湖南大学学报》（社会科学版）2015年第6期。

颜以琳：《颜真卿书风与家学传承》，《中国书法》2016年第7期。

蒋明宏：《略论明清苏南望族家学》，《江南大学学报》（人文社会科学版）2017年第1期。

任艳艳：《试论唐代河东道之交通——以敦煌文书和圆仁〈入唐求法巡礼行记〉中关、驿、店为中心的考察》，《安徽史学》2017年第4期。

戴丽艳：《同治年间的传牌》，《黑龙江日报》2017年5月23日。

武志军、曹阳：《中国档案文献遗产选刊之二十三——清代吉林公文邮递实寄邮件》，《档案记忆》2017年第8期。

王钧林：《孔氏家学中的〈尚书〉学——两汉〈尚书〉学研究的一个独特视角》，《武汉科技大学学报》（社会科学版）2018年第2期。

郝云红、陆建猷：《中国家学哲学话语体系的理论建构》，《宁夏社会科学》2019年第3期。

王伟：《中古家风家学与家族文学》，《中国社会科学报》2019年11月11日。

[韩]金成俊、崔云峰：《对圆仁〈入唐求法巡礼行记〉中所记载的船舶部件㯮楸（㯮枕）的批判性考察》，《海交史研究》2019年第3期。

朱红军、王静雯：《从圆仁的"大使"称呼看登州新罗人社区的权力更迭：以〈入唐求法巡礼行记〉为中心》，《宗教信仰与民族文化》第12辑，社会科学文献出版社2019年版。

魏永康：《嘉庆年间喜峰口驿路三件传牌》，《历史档案》2019年第1期。

杜翔：《馆藏清代信牌探析》，《首都博物馆论丛》2019年第33期。

何莹、何蓉：《"异域"何以"同天"：〈入唐求法巡礼行记〉所见之中日交流机制》，《青海师范大学学报》（哲学社会科学版）2020年第5期。

陈畠：《晚唐中日佛教美术交流的多维面貌——以圆仁〈入唐求法巡礼行记〉为中心的考察》，《五台山研究》2020年第4期。

王申：《论小面额东南会子对南宋货币流通的影响》，《浙江学刊》2020年第5期。

[美]韩森、陈畠：《〈入唐求法巡礼行记〉中佛教艺术的信仰之用》，《唐史论丛》第32辑，三秦出版社2021年版。

戴丽艳：《清代档案中的传牌》，《黑龙江档案》2021年第4期。

付邦：《日本入唐僧的中国旅行——以〈入唐求法巡礼行记〉为中心》，《史志学刊》2021年第4期。

后　　记

　　这本小小的著作是本人及其合作者这几年来的一些研究成果的汇集。其中"研究篇"中所收录的六篇论文中有五篇已经发表，如第一篇发表于《唐史论丛》第二十九辑，第二篇发表于《兰台世界》2017年第13期，第三篇发表于《宋史研究论丛》第三十一辑，第四篇发表于《宝鸡文理学院学报（社会科学版）》2021年第4期，第五篇发表于《汉籍与汉学》2021年第一辑。这些已经发表的论文中的第一篇、第三篇、第五篇，以及此次首发的第六篇论文，系由本人与爱人杜立晖先生合作完成。因此，上述几篇论文，杜立晖先生亦有使用之权，将来可以将上述成果收录于他的有关论著之中。

　　本著的"整理篇"则是在本人主持并完成的2017年山东省艺术科学重点课题"新出鲁北民间契约文书整理与研究""整理"部分的基础上完成的。在收入本著时，又根据文书图版对这一部分内容做了进一步的整理研究，如对文书录文做了进一步核对和重新释录，重新拟定了文书标题、编号，重新撰写了题解并出示了校记等等。

　　能够顺利完成本著，得益于本人近年来能够有机会进入山东师范大学历史文化学院资料室工作，资料室相对安静、宽松的环境，丰富的藏书，都为本人的学习、研究提供了机遇。在此向关心、帮助自己的单位领导、同事，表示感谢。另外，中国社会科学出版社的宋燕鹏先生为本著的出版做了大量工作，在此也向其表示深深的谢意。